中国传统村落图典

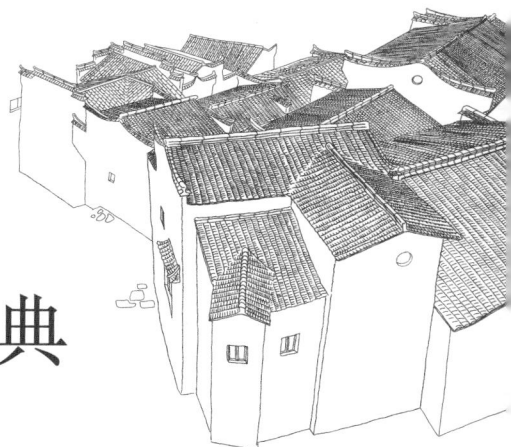

THE CLASSICS OF
CHINESE TRADITIONAL VILLAGES

萧加／编摄　王鲁湘／撰文

ZHEJIANG UNIVERSITY PRESS
浙江大学出版社

自　序

三十年前，我与儿时的同伴黎江，电视台的同事孟毅、颜倩，浙江大学的两位同学李双燕、宋阳，还有白群一、刘钧翰、王小松、肖宪等几位好友结伴，历时五年，穿越浙江、安徽、福建、贵州、湖南、云南、西藏、山西、陕西和京津地区的部分传统村落，拍摄大型电视纪录片《中国民居》，记录了这些地区村落中的乡土建筑与风俗人情。

当时的中华人民共和国建设部副部长叶如棠先生鼓励我们：此举是为传承民族文化做一件好事。为此，他不仅接受了采访，还欣然命笔，请各地相关部门为我们的拍摄提供帮助。果然，各地相关部门不但毫无保留地系统地介绍了当地最典型的传统村落与民居建筑，还"雪中送炭"，为我们解决了捉襟见肘的经费问题并为我们妥善安排了交通工具。

1994 年，我们深入西藏山南、珠峰、阿里、狮泉河、古格……辗转拍摄。当年，去这些地区的路途极坎坷、条件极艰苦，使得我们本就微薄的经费被花得精光，连返程的路费都没有了着落。在这个时刻，拉萨电视台索娜台长带我去自治区建设厅。见到叶部长的亲笔信，厅里的领导便从他们极其有限的经费中开支，为剧组购买了回程的机票……这些与我们共同为传承民族文化做出努力的单位及个人，都成了我以后从事艺术创作的鞭策力量。

在我策划此项目时，曾请教我国现代雕塑大师、中国美术馆原馆长刘开渠先生。他老人家谆谆告诫："传统民族文化是'根'，是今后社会发展的基石……一个民族被破坏了文化就失去了灵魂，维护传承民族文化将是今后一项长期的工作。"临别时，先生赠我墨宝：要知松高洁，待到雪化时。

我深知先生的用意……几十年来，我一直珍藏着这幅字。

在拍摄的艰难岁月中，女儿也跟着我跑遍万水千山。当时，她才五岁，走不动的时候，大家轮流背她前行，但她仍执拗地同我们一起去探索那些深藏在各民族村寨中文化遗产的秘密……有一年春节，我们在侗族村寨拍摄，女儿头上长满虱子。我帮她梳理时，突然，她指着村寨中正好奇地围观我们的人问道："爸爸，为什么你见到他们就像到幼儿园接我时一样的高兴啊！"

　　我意识到，孩子虽小，但已懂得思考文化现象中的问题。我告诉她：我小时候，爷爷也带着我跑了好多地方。他平时寡言而严肃，在麦积山、龙门石窟采风时，常会腰系麻绳，从山顶悬落，挂在山间的半空中拍摄那些古代摩崖造像。当发现精美的古代雕塑时，他竟会激动得连语调都变了，但他总是压抑住兴奋，悄声喃喃自语：美极了，美极了啊……好像生怕惊动了那些沉睡千年的古代雕塑。

　　女儿吃惊地瞪大眼睛，似懂非懂地听我讲得出神。没想等她长大了，从德国科隆大学经济系硕士毕业后，却从事了艺术工作。她说：这就是从小跟你走南闯北的结果吧。她儿时的这些经历，已成为她人生中一笔宝贵的财富。

　　可见年幼时受到的启蒙教育，真能影响人的一生。儿时，我家的邻居都是著名的艺术家：潘天寿、黎冰鸿、诸乐三、胡善余、周仓米、周轻鼎、程曼叔、邓白、刘江、丁正献、张怀江、王伯敏……虽然他们那时大都已年过花甲，但有些老先生却还经常与我们孩子们玩耍呢。

　　幼时，除了父母的影响，这些老艺术家们的言行与创作，也使我对传统民族文化耳濡目染，受益匪浅。后来到德国留学，我又接触了西方文化，更提升了对民族文化精髓的审美能力，意识到了民族文化遗产的珍贵。

　　因此，在创作纪录片的同时，我还拍摄了几千张反转片，并将它们保留下来。因为我知道，眼前的这些风俗民情、传统建筑，前途未卜，命运莫测。

　　如今，照片中的那些孩子，已经为人父母、步入中年了，那些老人们则大都已不在人世。而那些精致的民居建筑，以及那世世代代的风俗民情，是否还在延续？

　　三十年后，我选择了这一千多张珍贵的影像，汇集成这部摄影画集。瞬间，我又记起了当时各村落里男女老少的音容笑貌，那些回荡在山间空谷中的音乐与歌声，那些亲吻大地的舞蹈……我百感交集。

　　为了更好地表达这些影像中淳朴的情感，各民族传统文化智慧的结晶，我特将好友王鲁湘教授当年为电视片系列片《中国民居》撰写的解说词，一并汇集成册献给读者。王鲁湘教授从美学的视角，深入浅出地将蕴藏在传统村落中的优秀民族文化遗产，融入中华文明的大格局中来梳理，意图使读者能够得到更多的启示。

将画册中记录的三十年前的中国传统村落的影像，与如今的新农村进行对比，可以看到这三十年来我国农村发生的巨变。或许，这也是一种提示。如何更好地保护在传统村落中蕴藏的宝贵文化遗产，还需我们更深刻的反思……

在这里，我要感谢胡理琛、张延惠、唐宝亨先生对我的拍摄给予的帮助，同时也要感谢各地帮助过我的各族人民与地方政府及单位，谢谢你们！

同时感谢中共杭州市委宣传部对出版这部摄影画册给予的倾力支持！

因距拍摄时间较长，拍摄照片较多，加上地名变迁等因素，个别地点的名称如有误差，还请广大读者批评指正。

萧 加

2017 年 10 月 1 日

代序一

听说要出版这部摄影画册，我很高兴。《中国民居》（现名《中国传统村落图典》）是中华民族灿烂文化的史书。而作者却是一位从事导演工作的青年，这就更是一件有意义的事。

作者的父亲是一位雕塑家，家庭环境对他的艺术创作多少是有影响的。他的父亲曾与我共事，在创作天安门人民英雄纪念碑时，我们两家又是邻居，住在一个四合院里。他小时候顽皮淘气，却是挺机灵。后来全家去了杭州，我们两家时有往来。

"文革"时，他父亲去世。他本人才16岁，去了黑龙江北大荒，在那里整整十年。每次他回杭州，定要到北京我家小住，带来一些北大荒他们自己种的大豆，讲述一些那里的趣事。

记得北京地震那年，他来一封信问候我们全家。我在临时住的防震棚里亲笔给他回信，我觉得他是很有点儿人情味的青年。这种感情在他的作品中也隐约可见，那没有生命的房屋，不是被他拍摄得十分温馨吗！

1992年他从国外学习回来，仍执拗地要拍摄《中国民居》，并要我做顾问。他说在国外却更觉得祖国历史文化的辉煌灿烂。我同意他的观点。希望他能永远以此鼓励自己，不断长进。

中国美术馆原馆长　刘开渠

1993年2月16日

敬書　陳毅同志詩句

要知松高潔

待到雪化時

贈送

蕭嘉勿忘

劉開渠

一九八〇年

代序二

我以一名建筑师的身份，热情地欢迎您来观赏《中国民居》这部电视系列片。

我们的祖辈用取之于自然的原始材料，建造了千姿百态而风格各异的民居建筑，遍布祖国各地，为后人留下了一笔宝贵的财富。不能否认，民居建筑在千百年间的变迁是缓慢的。然而，也正是这种缓慢，使得那些大字不识的木匠、石匠、泥瓦匠和普通的庄稼汉日积月累、代代相传地创造出本地区、本民族朴实而又完美的建筑形象。工艺是落后的，年代也已很久远，但这并未使民居建筑失去生命力。相反，它依然牢牢扎根在华夏大地上，依然透散着浓郁的生活气息。可以说，它是中国传统建筑极其重要的组成部分，也是民族历史文化重要的载体与佐证。发掘、整理这部用砖、石、木、竹写成的史书，对各地民居建筑有选择地做必要的保护，或适当地改造，赋予它新的使用功能，这不仅是建筑界、史学界、文化界的任务，也是当今仍居住在民居建筑中亿万使用者的事。

但愿本片能引起您对中国民居的重视。

原中华人民共和国建设部副部长　叶如棠

中华人民共和国城乡建设环境保护部

安徽、福建、云南、西藏
　　建委（建设厅、计经委）：

　　杭州电视台正在拍摄电视系列片《中国民居》，安徽、福建、云南、西藏等省（区）将各占其中一集。这部片子的拍摄，对国内外建筑界来说，都是一件很有意义的事。

　　我应邀担任该片的顾问之一，但自知学识有限，而贵省（区）有关专家的指导，对撰稿和摄制人员则更为重要。拍摄期间，还希望有关当地的建设部门，在各种条件下提供一些方便，共同为拍出能真正反映贵省（区）优秀民居建筑的电视片而努力。

　　致礼！

　　　　　　　　　　　　　　　建设部
　　　　　　　　　　　　　　　　吴如嵩
　　　　　　　　　　八七年四月廿七日于北京

代序三

　　建筑是凝固的音乐，音乐是流动的建筑。

　　我想，在各门类艺术之间一定有一条神奇的的链路，把人类所有精神世界的财富串联起来，让这个世界变得更加美好。散落在中华大地各处的传统民居，如果从建筑的角度考察，其间蕴含的不仅有哲学、科技、地缘、美学和人类的奇思妙想，更为重要的是由于几千年来中华文明的生生不息，这些传统民居成为一条传承古今、不曾中断的文化脉络，它们更像一位饱经世事、历尽沧桑的老者，惯看秋月春风，却只是恬淡天然、默默无言。想要读懂它们，需要平心静气地细细去品味。

　　由于特殊的地域原因，中国传统建筑一直是土木结构，直到现在，有些大学的建筑系仍然叫作土木工程系，砖石的大规模应用不过是明代以后的事。即便如此，这些就地取材、使用自然材料所造就的民居，在浓郁的生活气息背后散发着或朴实粗犷，或精巧细致，或气宇轩昂，或千回百转的的动人气韵，不仅体现了我们的先人在长期日常生活中所累积的知识和智慧，更体现了中华民族对美的观念、理解和追求。

　　本书的作者萧加出身于艺术世家，对美有着超乎常人的敏感和领悟，从1985年拍下第一张乡土民居的照片至本书出版，历经三十余年，足迹遍布全国十几个省市自治区，这份执着绝非常人所能。由此，我们今天能够借助作者的格局和视角，得以欣赏到这些散落在民间各地民居的风貌，更能为这些作品背后的情怀和坚守而感动。文化需要传承，文化因传承而历久弥新，这份自觉和担当正是当下文化发展所不可或缺的。从这个意义上讲，《中国传统村落图典》的出版，将会因时光的流逝而愈发显现出它的价值。

目　录

阴阳之枢纽　人伦之轨模

中国传统村落的文化意味

跨越四个气温带，包罗山地与平原、沙漠和水乡，由五十六个不同民族与风土所孕育的中国传统建筑，分布于祖国壮美的四面八方。北京的四合院，西南的吊脚楼，陕北的窑洞，闽南的土楼，青海的庄巢，广西的麻栏，草原的毡包，高原的碉房，傣家的竹楼，大理及丽江的"三坊一照壁""四合五天井"……可谓异彩纷呈，姿态万千，是一笔远未得到开发就开始消失的文化遗产。

当我们为文明的现代形态而骄傲的时候，传统建筑以极其朴素简陋的外表不动声色地提醒我们：自从人类的祖先从树上下来，学会用木头和泥土建筑房屋后，几千年来，我们的居住方式从本质上说几乎没有什么变化。

不管各个地区的传统建筑在制式和风格上呈现多么巨大的差距，有两个基本点是一致的：它们既是从其所依附的独特的地理和气候中派生出来的，同时又是居住于其地的人们组织社会的一种文化创造。传统建筑能够最有力地帮助我们认识文化所独有的风土性。

中国传统村落建筑，以其匠心独具、意匠经营而成为艺术的瑰宝，以其因地制宜、巧借风水而成为人民智慧的结晶，以其注重伦理、调和礼乐而成为民族文化的表现，以其递嬗迁变、盛衰兴败而成为社会历史的见证。它们背负着历史的信息，挺立于原野之上，昂首苍穹，迎送多少寒暑，阅尽多少春秋，以满身沧桑进入我们的岁月，至今仍在庇护我们，使我们平凡的生活能够继续，日出而作，日落而息，炊烟天天升起，鸡犬日日相闻。

优秀的传统村落建筑，以其亲切无比的乡土风情、质朴率真的建筑品格，同自然和谐的精神以及富含创造的哲理，陶染过一代又一代的华夏儿女。今天，当我们义无反顾地大步跨向现代文明时，这些传统村落的命运会有一个什么样的归宿呢？我们应当如何来认识这些传统村落的价值呢？

中国古代建筑文化可以分为三个主要层次，或者说三种主要类型：一是表现官文化的

官式建筑；二是表现士文化的文人建筑；三是表现俗文化的民间建筑。套用《诗经》的分类，民间建筑是"风"，文人建筑是"雅"，官式建筑是"颂"。合而观之，是一部建筑的"风雅颂"。

官式建筑如宫殿、苑囿、陵寝、学宫以及府第等，无不追求雄伟壮丽，所谓"非壮丽无以重其威"，要的就是那股威仪，因此无论在规模、体量、造型、色彩、装饰等方面，都要与众不同，唯我独尊。崇高宏展的庞大空间，雕梁画栋的繁复工艺，华丽夺目的强烈色彩，无不显现出神圣庄严的煊赫气派，明确无误地表达了建筑的主人在社会上的统治和支配地位。

文人建筑如其居室、园林、书院以及一些文人活动场所，莫不追求幽静、素雅的情调以颐养心性。诗情画意的境界，朴实、淡雅、自然、含蓄的风格，正如文人画的水墨写意，清新明快，淳和闲适，淡淡地发散着温文尔雅的斯文气息。

传统民间建筑，也有人称之为风土建筑。它是原始建筑的继承和发展，人们可以从中看到纯粹的传统形态，在它的深处，可以找到人类生活的原点。它土生土长，乡土气十足，反映了一个特定民族、特定地域所独具的生活理念。它不拘一格，自由活泼，同自然环境融为一体。它产生于民众生活，崇尚实用性和功能性，与民间习俗相结合，成为各种民俗文化活动的空间和场所，本身也构成民俗环境的一部分。

官式建筑因其政治形象的要求，而遵循严格的"营造法式"，未免有千篇一律之憾；文人建筑由于内蕴的文化意趣趋于一致，故而无论建于何地，其精神风貌大体类似，恰如士人衣冠，大同小异；唯有民间建筑，因与风土密切相关，随着地理、物候而婉转多姿，呈现出惊人的多样性和鲜明的区域个性。

我国中古时期流传于敦煌一带的《宅经》告诉人们："宅者人之本，人者以宅为家。居若安，即家代昌吉；若不安，即门族衰微。"我们的先人把安家建宅的事看得相当重要，

重要到以宅为人本的程度，认为它不仅关系到一家一代的昌盛，而且关系到整个门族的兴衰，是兴也由宅，败也由宅。所以，"卜居相宅"这个词中的"卜"和"相"，绝非我们今天说的"看房子"那么简单，它形成了一套风水理论，把堪舆、阴阳、五行、八卦的学说都纳入其中，笼罩着一片神秘文化的迷雾。

宅求其安，是终极目的。"安"字包括安定、安全、安稳、安适、安乐。宋代哲学家邵雍就把自己的居所称作"安乐窝"。在中国传统村落建筑的门口，经常可以看到这样的春联："和顺满门添百福，平安二字值千金。""安居地利千年盛，乐业人和万代兴。""吉星高照平安宅，福曜常临积善家。""岁岁平安日，年年如意春。"

一个"安"字，道尽中国传统村落建筑的全部寄托。围绕着"安"字，中国传统村落建筑从虚的观念到实的形制，下足了功夫。

那么，如何才能做到居安呢？

环境是首先必须考虑的。

中国传统村落对于环境，自古强调风水。何谓"风水"？一言以蔽之：藏风聚气。居室是养生之所，养生离不开环境。中国古人凭着直觉发现和经验积累，把坐北朝南、背山面水的环境视为好风水。好风水要觅龙、观砂、察水、点穴。觅龙是看山脉，视野常在上百公里，要求山脉来势深远，丰满圆润，沉雄敦厚。观砂是看龙脉以外的山势，要求曲折多变，层次丰富，拱卫中心。察水是看水体，既要源源不绝，又不可过于急躁，而要平和缓易，生生不息。点穴是指择基定址。宅基所在，应是龙、砂所结，是整个环境的原点，能成为生活的中心，形势上要求阴阳分明，凹凸有致。

这样的环境，就能藏风聚气，做到山水交汇，动静相乘，阴阳相济。民居择基于此，背有依托，前有屏障，左辅右弼，犹如摇篮和太师椅，安全、安妥、安适，可为久居之计。

风水对"气"给予特别重视，并引出"天气""地气""阴气""阳气""风气""水气"等等成对成双的范畴。"气"是一个综合指数，包括了温度、湿度、日照、风向、空气清洁度甚至负氧离子含量等，总之是人身这个小宇宙与环境的大宇宙全面协调的重要指标，并以此求得平衡的能量交换，使人的身心感觉维持在一种健康舒适的状态，减少疾病的发生。身体健康，心理平和，能给家庭和家族带来两个直接的后果：一是子孙绵延，人丁兴旺；二是敦睦和谐，同心协力。于是，"安居地利千年盛，乐业人和万代兴"。"乐业人和"的前提是"安居地利"。所以，古代的宅书开宗明义即讲："顺阴阳之气以尊民居。"

在中国，没有古希腊那种不可捉摸的命运观。风水理论告诉人们，只要顺从自然，就会给你的家族带来好运气。个人的命运，甚至家族的命运和子孙的命运，都可以在一定条件下自主操纵。这个条件在以农为本的自然经济的中国似乎不难做到，卜居相宅时给自己选择一处好风水就可以了。

毫无疑问，风水理论保留了许多原始巫术成分，古代的风水先生为了职业的需要，也故意附加了许多扑朔迷离的糟粕，风水理论的合理内核也大都停留在直觉和经验的水平上。即使如此，风水理论在实践中对于中国古代的村镇布局和村落形制，还是带来了积极的建设性的影响。其中最重要的，是根据风水的理想模式，在顺应自然的同时，对并不理想的地形地貌进行积极的改造。最主要的手段，就是理水和植树。

除空气外，人类生存最基本的资源是水。乡土集落无不以水为命脉。风水理论认为："人身之血以气而行，山水之气以水而运。"水不仅为发展农业生产所需要，集落居民的生活也离不开水，这都是实际的功用。在观念上，气以水而运，就把水对于乡土集落和居民的意义提高到了一种更神秘更玄妙的地位，水也就超越其实际功用而成为财源和吉利的象征。

也许正是由于风水观念对水的意义的升华，才给了人们规划村镇和屋舍时理水的强大精神动力。比如有850年历史的徽州黟县宏村，乡民历经数百年完成的村落水系工程，就很难说是出于纯粹的生产生活的功利目的。它是族中长老以文运昌盛、科甲绵延为号召，以风水理想为模式，以风水观念做指导，激发起族人对凶祸的恐惧，对吉福的渴望而完成的一项"风水工程"。它已经成为中国传统村落建筑理水的典范，受到世人的赞誉。它改善了集落小气候，美化了环境，方便了生活。村因水而秀，人因水而灵。所以徽人常说："宁可食无鱼肉，不可居无好水。"

中国东南一带许多宗氏族谱记述其村落形势时，常有这样的话："前有山峰耸然而特立，后有幽谷窈然而深藏，左右河水回环，绿林荫翳……"；"前有溪，清波环其室；后有树，葱茏荫其居；悠然而虚，渊然而静……"

水为血脉，则草木为毛发。毛发繁盛则说明气血旺。因此，在风水观念看来，草木繁则气运昌。对于传统村落来说，通过植树可以补充和修正风水的某些不足，规避凶煞；而对于一个村寨来说，有一大片茂密的"风水林"则是村寨长治久安的保证。一般来说，有点历史的村子，其村口或村中心，总有一株古老沧桑的"风水树"。在南方，"风水树"常常是榕树或樟树，在北方则多为古槐。"风水树"如亭如盖，巍然耸立，俨然是村寨的守护神；浓荫匝地，凉爽沁人，更像族中的老祖母。

"风水树"是不能砍伐的。"乡中有多年之乔木，与乡运有关，不可擅伐。""盖树之位吉者，伐则除吉；位凶者，动亦招凶。"正是这样的风水观念，才产生强大的文化禁忌作用，使我们的国土上至今尚能见到根深叶茂的老树。

中国古代哲人老子说："万物负阴而抱阳，冲气以为和。"这也是中国传统村落建筑空间模式的经典表述。

中国从南到北最普遍的院落式民居，无论是三合院或四合院，其主要建筑都面南背北，四面围合，前低后高，中间空虚，就是一个"负阴抱阳"的理想模式。这个模式，酷似一个双手环抱于丹田之前正在纳气的人体形象。它以中厅为身，两耳房为肩，两厢为臂，两廊为拱手，天井为口，看墙为交手。这样的平面格局在风水观念看来有吉无凶，因为它围合了一个负阴抱阳、藏风聚气的居住空间，成为"阴阳之枢纽"。人居其中，头顶青天，脚踏实地，前有屏，后有靠，中庭有回旋，左右环伺，极具安全依托之感。合院的四向，从四个方向带入四季信息，人在任何时候都能有选择地享受到不同朝向所带来的日照与阴影，享受到凉与暖的温差，享受到既避风又通风的好处。这种令人愉快又启人幽思的阴阳交替的韵律，每日每时都在宅院中发生着。人生活在这样一个空间里，"顺四时而适寒暑，和喜怒而安居处，节阴阳而调刚柔"。房屋由一个遮风避雨的处所而升华成为一个"与天地合其德，与日月合其明，与四时合其序"的"阴阳之枢纽"。

中国传统村落建筑既然是中国文化的载体之一，也必然从形态上反映出中国宗法社会的礼乐秩序和纲常伦理。事实上，住宅不仅是"阴阳之枢纽"，更被要求成为"人伦之轨模"。

在《周易》六十四卦中，有一个"家人"卦。卦辞说："女正位乎内，男正位乎外；男女正，天地之大义也。"后人解释说："人人皆有家，可勿忧而吉。一家之家道立，一家之人交相爱；一国之家道立，一国之家交相爱；天下之家道立，天下之家交相爱。"

中国传统的家庭有其讲究尊卑名分、长幼有别的一面，也有要求家庭成员交相爱、和为贵的一面。前者为礼，后者为乐。礼乐相互制约、相互补充，合而为礼乐秩序。

同官式建筑一样，民居也有主轴线。作为礼乐秩序重要体现者的厅堂和院，一定都在主轴线上。

厅堂是礼乐秩序中象征礼的实体，而院则是象征乐的虚体。

厅堂是一家人内聚的核心场所，家庭成员参加各种公共活动的地方。然而，在多数场合下，厅堂都是家长行使权力和施展影响之地，这里供奉祖宗牌位，有些还写着"天地君亲师"。厅堂居尊的地位在中国传统民居中从未受到挑战，因其居尊，所以居中，所以居上，所以乃大，所以乃高。厅堂是一个在形制和氛围上都比较严肃的地方。

而院子则不同了。在多数情况中，院子是大人踱步、小孩嬉戏、老人纳凉晒暖、妇女从事部分家务的地方。节庆日，它还是举行各种民俗活动的场所。院里如果种树栽花，掘池叠山，那么它就成了一个私家花园——春华秋实，诗情画意，其乐融融，其乐陶陶。

礼和乐是中国文化中理与情的互补。厅堂和院子正好反映了中国人在家居生活中对这种互补文化的要求。

为了安居，为了居安，中国人围绕着自己的住宅从天上、地上、人间，做足了文章，下足了功夫。汉族不算是一个宗教民族，民间也不尽信鬼神，唯有在家宅上，中国人到处请神安神：大门口有"土地"，门上有"门神"，厨房有"灶君"，宅基有"地主"，墙中有"石敢当"，床下有"送子娘娘"，而厅堂正中供奉"九尊"，儒道佛三教神明统统供起，历代祖先左右排列。可以说是里里外外，每一个机关都驻有一路神灵，前后左右上下立体呵护，正所谓"英雄镇宅丁财旺，义气登堂老少安"。

也许，世界上只有中国人才如此把他们的全部梦想和祈求，把他们的今生来世和子子孙孙无穷尽的幸福，统统寄寓在卜居建宅之上。正因为寄寓的是人生的一切，所以，安居或者居安，在中国人的生活中才显得这般重要，这般值得关切。朴实的传统村落建筑也因此而充满精神和文化的意味。

让我们再一次重复儒家的美好理想吧："人人皆有家，可勿忧而吉。"

The Pivot of Yin-Yang Natural Principles, The Criterion of Human Relations

——The Cultural Significance of Chinese Civilian Residence

Luxiang Wang

Chinese civilian residences, carrying within themselves 56 different native climates and customs, are spread over all areas of our vast and magnificent motherland, which extend across four atmospheric temperature zones, covering mountainous and flat lands, desert and water regions. The quadrangles in Beijing, suspension houses in southwest China, cave dwellings in the north part of Shaanxi, adobe houses in the south part of Fujiang, "Zhuang Chao" dwellings in Qinghai, "Ma-lan" railings in Guangxi, felt yurts in grasslands, pillbox-shaped houses on highlands, bamboo houses of Dai nationality, the "three compounds and a screen wall" and the "four compounds with five courtyards" in Dali and Lijiang, Yunnan...all that blossoming in radiant splendour, appearing in all their glory, are really a sum of cultural heritage that has begun to vanish far before their being opened up!

When we are proud of our modern architecture formation, the civilian residences may clamly and collectedly remind us, with their simple and crude appearances, that: Since the ancestors of mankind climbed down the trees and learnt how to build houses with mud and wood, for thousands of years past, our residing form has virtually had little change.

No matter how great the difference in the form and style might be among the civilian residences of various areas, there are two basic points that are identical: The residences are not only derived from the specific geographic and climate conditions to which they are attached, but also a kind of cultural creation in organizing society of the people who live there. Civilian residences can most powerfully help us to recognize the nature of local conditions and customs within such culture.

Chinese civilian residences have become a precious gem of architectural art because of their ingenuity and artistic conception in creation and a crystallization of people's wisdom by suiting measures to local conditions and skillfully using the geomatic omens. They have become a manifestation of national culture because they lay stress on ethics and are able to harmonize ethics with recreation. They have been the witness of social history by means of their progressive evolution and transmutation and their vicissitudes as well. They carry, on their back, the information of history, standing erect on the champaigns, holding up their heads toward the firmament, seeing how many times summer and winter come and go, watching how many times the spring and autumn seasons passing by. They enter our years covered all over with their vicissitudes and still so far shelter us, ensure us in our ordinary life the possibility of going out to work when the sun rises and of coming back to rest when it sets. Depending on them, we are guaranteed to have our daily meals and a peaceful life day in and day out.

The excellent cream of civilian residences has edified and influenced Chinese people from generation to generation with its cordial local colours, and its simple and sincere architectural style; and with the spirit that is suitable to and harmonious with the nature, and the philosophy that contains fully creativity as well. Nowadays, when we stride forward to the modern civilization without ever turning back, what kind of the end-result would the destiny of such civilian residences come to? How should we come to recognize the value of such residences?

The Chinese ancient architectural culture can be differentiated into three main levels or three main types: the official type, manifesting the official culture, the scholar type, manifesting the scholar culture, and the type of civil structures which expresses the popular culture. Quoting the classification from The Book

Of Songs: Civil structure is called "Feng", consisting of ballads; the scholar one is "Ya", consisting of dynastic hymns and the official one is "Song", consisting of sacrificial songs.

Official structures, such as palaces, enclosed gardens, mausoleums, institutes, mansions, temples, etc., all without exception, demand strongly to be magnificent and sublime to show the dominant social position of the master of the structures.

Scholar structures, such as their dwellings, gardens, private schools and other places for their acticities, all with exception, seek for a kind of quiet, simple and elegant sentiment to keep one's mind easy and fit.

Civil structures, which are also called native structures, are the only kind of structures that needs no architect. Such type is the inheritance and development of primitive structures. We can see in it the pure traditional formation and find in its depths the original point of human life. It reflects the idea of life which only a specific nationality and specific region could have. It integrates itself with folk customs and becomes a space and place for all kinds of activities of folk custom and culture to make itself a component part in the folk custom environment.

Official structures, because of the requirement of their political images, have to follow the strict "Rules of Architecture", so there would be unavoidably regrets for the repetition of their types and styles; as to scholar structures, owing to their implicit cultural interests and charms tending to identity, no matter where they are built, their mental attitudes are roughly similar; only the civilian structures because they have intimate concern with local conditions and customs, along with the respective features of geography and phenology, become so mild and tactful with all kinds of postures to display their astonishing manifold characters and distinctive regional individualities.

The Book Of Residence, which widely spread in the Dunhuang area in middle ancient times, tells us that:"Residence is the root of mankind, and mankind makes it their home. Residing in security and comfort, the family gets prosperity; if not, decline." Our ancestors regarded building a residence for a home as quite a serious matter, so serious that they took it for the root of mankind, and considered it to have a bearing not only on the prosperity of a family, a generation, but also on the rise or decline of the whole clan: hence the expression:" To choose a residence by means of divination, to observe a house for the influence it would have on us. "Here, "To choose by divination and to observe for the influence" is by no means what we nowadays so simply look at a house just as a place to live in. It forms a set of theory of geomantic omen, bringing together the doctrines of the geomancy, the two opposing natural principles Yin and Yang, the five elements of universe and the Eight Diagrams into its content to shroud itself in mysterious cultural mist.

A residence, for its terminal goal, demands to be stable, secure, steady, comfortable and peaceful.

It is this goal that expresses thoroughly what the Chinese civilian residences entrust themselves to. For this goal, Chinese civilian residences have exhausted all their efforts, from the virtual conception to the actual formation.

And how can we get to this goal, then?

Environment is the first point to consider.

To the environment, Chinese civilian residences since ancient times, have put emphasis on geomantic omen. What is meant by "geomantic omen"? To be terse, it means to shelter people from wind (destroying force of nature) and concentrate the breath (productive energy of nature) for them. A dwelling is a place to preserve one's health which cannot be sustained without a favorable environment. Relying on intuitive discoveries and accumulation of experiences, the Chinese ancients regarded such environment as a good geomantic place that has its location towards south or facing waters and at the same time backing onto mountains. A place of good geomantic omen demands the procedure of seeking dragon, surveying sand, observing waters and pointing out cave. Seeking dragon means to look for mountain range with a perspective of hundred kilometers, with the oncoming force profound and lasting, plump and mellow, and vigorous and steady as well; surveying sand is to check the other mountains around the dragon range, which is required to be tortuous and varied, abundant in tiers, surrounding the centre to protect it; observing waters means to inspect the regimen of water, which is required to flow steadily and not impetuously, to run mildly and slowly but without cease; pointing out cave means to choose a foundation for a location, foundation is located, it must be a place where the dragon range and its surroundings (other mountains) join. It is a master spot of the whole environment which tends to become the centre of human life. In circumstance, it is demanded to have a clear boundary between the Yin (shady or lower part) and the Yang (projecting part), that is said to have obvious sharp contours of mountain peaks or ridges and those of valleys or waters.

An environment like this would be able to shelter people from the destroying force of nature and concentrate the productive energy of nature for them. Civilian residence chooses its foundation here to possess prop at the back and protective screen in front, to have supplement on the left and assistance on the right, just like settling in a cradle or a big chair, so secure, proper and comfortable that it can be considered a place for constant residing.

Geomantic omen pays special attention to what is called "breath", from which some couples derive such as: breath of heaven and of earth, breath of Yin and of Yang, breath of wind and of water, etc., "Breath", a kind of natural energy, is a composite index including temperature, moisture, sunshining, wind direction, the cleanness of air and even the content of oxygen anion etc.. It is, in short, a matter of how to make the mini-universe of a human body coordinate completely with the grand-universe of environment to achieve the balanced exchange of the energies, and to make the feeling of one's body and mind preserve a healthy and comfortable state to reduce diseases. Physical fitness and mind at ease would result in two direct consequences to a family or a clan: one is the descendants coming along continuously to make a flourishing population; the other is adding friendliness and harmoniousness to make concerted efforts for the family. Therefore, the happiness and prosperity of a family always result from residing peacefully in a land with geomantic advantages, and this is what the ancient Book Of Residence teaches us: "Be obedient to the Breath of Yin and Yang to make residence better."

Doubtless, the theory of geomantic omen has retained many primitive sorcery components, and its reasonable nuclei have mostly stayed at a level of intuitionism and empiricism. Even so, in practice, it has still brought about active and constructive influences on the formation of civilian residences as well as on the overall arrangement of villages and small towns in ancient China. The most important one among them is to carry out active transformation to the topography and the geomorphology that are not so ideal, the most important method is to harness water and plant trees.

Besides air, the most essential resource to human life is water. The local collective villages, all without exception, take water for their lifeblood. The theory of geomantic omen holds that the blood runs in human body by breath while the breath of mountain and water transits with water. Water is not only a need of developing agriculture but also a matter that can never lack for the life of the villagers, so it ascends to a higher position to be a symbol of richness and auspiciousness.

Perhaps it is just the sublimation of the significance of water which results from the conception of geomantic omen that gives people the strong mental motive power in harnessing water when they project their villages and houses. For example, there is a river-system engineering in the Hong Village in Yixian, Huizhou, a village that has a history of 850 years. The villagers took hundreds of years to accomplish the engineering. But we can hardly say that they built it only out of a simple purpose just for the utility in living and production. It is an "engineering of geomantic omen" accomplished under the guide of such geomantic conception with which the clan elders stimulate their menbers to fear calamities and long for auspiciousness. It has become an example in water harnessing to the collective villages in China to win world praise.

In view of the conception of geomantic omen, exuberant plants may bring about to people presperous vitality and luck, while to civilian residence, certain deficiencies in geomantic omen can be remedied by planting trees to evade evils, and to a village, to have a vast stretch of dense "geomantic woods" is the guarantee of a long-term order and security. Generally speaking, a village with a rather long history always has an age-old "geomantic tree" at its entrance or in its central part. In south China, such would often be a banyan or a camphor, while in the north, mostly an old Chinese scholar tree. A geomantic tree stands there towering with a canopy of leaves just like the Patron Saint of the village;

it casts its heavy shade on the ground so cool and refreshing, more like the old grandma of the clan.

A geomantic tree must never be chopped down. It is said: "When a village has got arbors in it, they concern the luck of this village a lot and should never be chopped flat", "If a tree located at an auspicious place, is chopped down the luck it brings along would be eliminated and if located at an evil place, the chopping down would bring about evils all the same." It is just such conception of geomantic omen mentioned above that produces a strong effect of cultural taboo making us able to see the deeply-rooted leafy aged trees in our country nowadays.

In China, from south to north, the most common courtyard-centred residences, whether they are three-sided or four-sided compounds, their main structures always face south and back on north with all sides enclosed, low in the front part and high in rear, and hollow in the midst to show the ideal pattern of "backing by shades with sunlight surrounded". Such plane pattern is absolutely auspicious and not at all evil, because it is in accordance with the conception of geomantic omen. The four sides of a compound would bring in information of all seasons from the four directions, and dwellers can enjoy optionally the sunshine or shades coming from different directions and enjoy the different temperatures as they wish at any time, and the advantages of both sheltering from the wind and good ventilation. A man living in a space like this may master all natural conditions as he pleases. A house which is regarded as a place to shelter people from wind and rain has now sublimated into a pivot of the two natural principles Yin and Yang which results from its combining itself with the universe to acquire the energy of nature to benefit people, to acquire the brightness of the sun and the moon to lighten them and to acquire the advantages of the four seasons according to their order as well.

Since Chinese civilian residence is one of the carriers of Chinese culture, it must reflect morphologically the order of ethics and recreation, and the order of young and old in human relationships of Chinese patriarchal society. In fact, a residence is not only the "Pivot of Yin and Yang" but is required to be the "criterion of human relations".

A divination in the Book Of Changes, written in Zhou Dynasty, tells us: "Everybody has a home. If the regulation of household were established in a family, this family's members would esteem and love each other; if established in a country, members of the families in this country would esteem and love each other; if in the world, members of the families in the whole world would do mutually as well."

Chinese family has a tradition of paying attention to the differentiation between the status of seniority and juniority, and of requiring its members to esteem and love each other and take peacefulness for importance. The former is ethics and the latter is recreation. They condition and complement each other to compose the order of ethics and recreation. In a civilian residence, the central room symbolizes the actual substance of "ethics" in such order; while the courtyard the virtual substance of "recreation" in the order.

The central room is a core place to gather round family members or a place for their public activities. But on most occasions, the central room is often a place for the patriarch to execute his power or to give full play to his influence.

Its respected position has never been challenged in Chinese traditional civilian residences. Because it is respectable, it ought to be located at a central upper position, a place more solemn in formation and atmosphere.

However, a courtyard is much different. In most conditions, it is a pleasant place for adults to pace at leisure, children to play, elders to enjoy outdoor cooling or sunning, or for women to do some household chores and for other activities of the family.

Ethics and recreation are a mutual complement to reason and sentiment. The central room and courtyard just reflect the demand of such reciprocal culture in Chinese people's household life.

In order to have a nice residence, Chinese people have exhausted their efforts in man's world and beyond. Han nationality isn't a religious nationality, and not all of them believe in ghosts or gods, but only in the sphere of their residence do they wish to invite certain divinities from somewhere to settle in their houses, as can be often seen at the gates of their houses or on the doors, in the kitchens, at the foundations and in the walls even under the beds. All the divinities of Confucianism, Taoism and Buddhism are enshrined with their own ancestors of all generations rowing up beside them to acquire prosperity and peace.

Probably, only Chinese people in the world would place on the geomantic choice of a residence all their dreams and wishes and all the everlasting happiness of their descendants as well as of this and next life of their own. That is why it seems to be so serious and worth concern in the life of Chinese people. A plain civilian residence may be then full of mental and cultural significance.

窑洞春秋

陕西

浑浑茫茫的黄土高原，令人想起"天荒地老"这个词。其实黄土高原的历史，比人类历史还要短暂。大约120万年以前，经久不息的西北风，从遥远的大陆腹地，把风化的岩屑卷上高空，浩浩荡荡向东南旅行，最后到达终点。在秦岭和太行山形成的大夹角地带停了下来，纷纷扬扬洒满一地。原始的干燥的草原盆地消失了。日积月累，年复一年，伟大的西北黄土高原拱起了它的脊梁——它东起太行山，西至乌鞘岭，南抵秦岭山脉，北跨万里长城，海拔在1000米以上，面积达64万平方千米。

在这片黄土高原的腹地，黄河从内蒙古托克托急转而下，向南冲开高原的原始基岩，硬是划出了一道700千米的大峡谷，由于它是山西和陕西的地理分割线，人称"晋陕峡谷"。

就在晋陕峡谷两岸的黄土坡上，人类迄今沿用着一种古老的居住形式——窑洞。日本学者曾惊叹窑洞在黄河流域分布之广，说荒凉的黄土地下是一个百万都市。其实居住在窑洞中的人何止百万！

更令人惊叹的是窑洞民居历史之悠久，它起源于古猿人脱离巢居而"仿兽穴居"时期，历经了上百万年。考察古猿人居住天然岩洞到人工凿穴的历史，可以追溯到五六十万年前的陕西蓝田猿人。

在遥远的第四纪冰川期，酷寒的气候变化，迫使古猿人脱离巢居而栖居地面。当他们走出丛林时，到底选择怎么样的栖居形式才能够躲避风霜雨雪和野兽的袭击呢？

当时唯一可行的办法只能是穴居。

穴居的第一阶段，是选择合适的天然岩洞，并学会把火种保存在洞中。

然而，生活在黄河流域的人类先祖们却没有或者很少有天然洞穴可供栖居。在他们脚下，是古老的中生代的砂岩和页岩，还有新生代的黄土堆积。那么，最早生活在黄河流域中游一带的先民们是怎样居住的呢？

可以肯定地说，他们只能是人工穴居。

根据人类的智慧、生产力发展水平以及从游猎采集到聚族定居的生活习性的变化等条件来判断，人工穴居的开始期应该是在旧石器时代晚期。

到了新石器时代，已经进入氏族社会的黄河中游一带的人类普遍采用了人工穴居的居住形式。这是因为，黄土所具有的良好的整体性、稳定性和适度的可塑性，已经为人类所认识。黄土层所具有的良好的蓄热性能解决了古人类冬季的御寒问题。更重要的是使用简单的石器工具即可挖掘成穴，适应了当时的生产力发展水平。

现存最早的窑洞遗址到底在哪里？年代如何？这些都是学术界没有定论的问题。

在黄河东岸的山西柳林穆村镇，尚存汉代砖窑。

现在的穆村镇人，住的大多是石窑。

在柳林的锄沟村，还保存着唐代的砖窑。

柳林汉唐砖窑的遗存说明，秦汉以来在统治阶级的陵墓墓室建筑中发展起来的拱券砌筑技术，以后逐渐在窑洞民居中被采用。人们用砖石砌成半圆形筒拱，然后覆盖上黄土。因此，在陕北和晋中南，经常可以看到很多平地而起的石窑洞和砖窑洞，它们连片成村，规模宏大。由此可见，拱券砌筑技术使人们摆脱了依崖凿洞的原始方式，走出狭窄封闭的沟壑，在傍水的平川地上聚族而居，结成更大的社会组织。这对黄土高原上的村社组织和生产力的发展，无疑起了巨大的推动作用。

当然，川地是宝贵的，应该用来种庄稼。黄土高原上的人们，更多的还是依崖凿洞。

先是找一个理想的山坡或者土塬，在向阳的边缘地区铲出一个立面，铲下的土堆出一个平台，然后在立面上凿进去一个横穴。

根据山坡面积的大小和山崖的高度，可以依着等高线布置出好几层台梯式的窑洞。为了避免上层窑洞的荷载影响底层窑洞，台梯是层层后退布置的，底层窑洞的窑顶就是上层窑洞的前庭。

这种靠山窑是窑洞的主要类型，它们组成了黄土高原主要的人文景观。

站在黄土高坡上眺望，广袤的高原一直铺延到遥远的天边，湛蓝如洗的天空下，是波浪起伏的黄色山峁。任何一条山际线和地平线，都是优美的曲线。当我们把视线从山顶移至沟壑和川谷，透过悬浮在山腰的袅袅炊烟，就会看到像蜂窝一样累累叠叠的窑洞，一层一层，一排一排。洞口的拱券曲线，连成一条条起伏的抛物线，宛如微风掠过海面，激起层层微澜，同座座山峁连成的山际线形成美妙而和谐的呼应，使人觉得黄土高原和窑洞，真是天造地设之作。

陕北窑洞民居的建筑布局手法和经验，是适应当地人民生活、风土民俗和自然环境逐步发展形成的。这些传统村落建筑都是民间工匠和农民自己动手完成的。在样式上，一个地区往往保持惊人的一致性，单体窑洞从尺寸模数到构件和材料，几乎一成不变，立面形象也几乎没有区别。然而仔细观察，就会发现同样是满堂门窗，气窗处的木格子花却彼此各异，相邻窑洞气窗上的窗棂花饰是一定不雷同的。如果说窑洞民居的总体风格是古朴粗犷、土头土脑，那么，它的窗饰应该说是粗中寓细、朴中含秀。尤其是到了过年的时候，心灵手巧的女人们，从老太太到小姑娘，一人一把剪刀，顷刻之间，红红绿绿的窗花便堆满一炕，贴在粉白透亮的窗格纸上，给窑洞带来盎然春意和喜庆气氛。

炕是窑洞里最重要的生活空间。临窗口置炕是最常见的布置方式。窗口下是窑洞中最明亮的地方，妇女在炕上做针线活，全家在炕桌上进餐，客人来了也盘腿上炕。冬天，太阳透过棉纸照射在炕面上，又温暖又亮。

在我国这样一个人均占有能源和土地都很少的国家，村落建筑设计如何节能节地，是一个具有战略意义的课题。

窑洞民居是一种向地下争取居住空间的掩土建筑或地下建筑。黄土窑洞由于它的围护结构是原状土，热能散失最小，保温、隔热性能好，所以冬暖夏凉，是天然的节能建筑。有测试表明，窑洞中的温度同地面温度一般保持正负8摄氏度左右的差别；也就是说，夏天比地面温度低8摄氏度左右，冬天比地面温度高8摄氏度左右。这一凉一暖如果置换成能源，再乘以黄土高原的窑洞数目，将是一个天文数字。

黄土窑洞是生土建筑，材料不需要焙烧，也不需要运输。因此，窑洞的建筑材料耗能是很少的。这一点过去很少有人注意。近年来专家把砖混结构或砖木结构房屋同窑洞所用建筑材料和运输的耗能，折合成每平方米耗多少千克煤进行比较，得出的结论让人十分吃惊：黄土窑洞的耗煤比只有砖混结构的17%。

窑洞建筑虽然是古代穴居的一种发展类型，但它保持环境，取之自然，融于自然，所以又是最符合现代建筑原则的建筑类型之一；它因地制宜，就地取材，适应气候，土生土长，具有浓郁的风土建筑特色；它妙据沟壑，深潜土塬，功能合理，表里如一。诗人曾以"千沟万壑，驼峰拥翠，长城烽火窑洞"的诗句来描绘陕北黄土高原的景色。的确，这种壮伟的西部美，是完全不同于江南水乡"湖光山影，翠竹轻筏，渔帆灯火人家"的秀丽景色的。事实上，黄土高原的壮伟，首先是由于它的单调。放眼望去，沟壑梁峁整齐排列，就像秦始皇兵马俑坑中井然有序的军阵。沟与沟，梁与梁，没有什么太大的区别，一个个馒头状的土峁，让人怀疑上帝当年是否在这儿画抛物线。正是这种单调的近乎无穷的重复，造就了黄土高原浑然一体的气势，造就了一种序列美。对窑洞的美，也应当这么来看。在这里，

个性和个体的美已经让位给整体的美。一个单独的窑洞也许打动不了我们，但一个金字塔式的布满无数蜂窝孔的窑洞群落，却使我们为之动容。

同山峁和窑洞一样，陕北民歌的行腔也是画着抛物线往上扬的。舒展高亢，忽上忽下，一会儿在沟一会儿在梁，听来一股悲凉之气直透胸臆。

哎——

天下黄河几道弯？

第几道弯里有桃源？

桃源共有几棵树？

几棵树酸来几棵树甜？

哎——

天下黄河九道弯，

第九道弯里有桃源。

桃源共有五棵树，

三棵树酸来两棵树甜。

在陕北，越靠北边，便越是能看到山梁的梁顶上静立着一座座残破的烽火台。它们提醒我们，这里曾是古代的边关，是古战场。是的，自蒙恬、扶苏率秦兵 30 万北逐匈奴、屯边绥德、修筑长城开始，这里就狼烟不熄。

统万城，当地人叫它白城子，是东晋时一个拥兵自重的匈奴族将军赫连勃勃建立的大夏国国都。赫连勃勃选中了这片水草丰美、河流环绕的地方，动用 10 万人力，用黏米和砂石版筑了这座塞外名城。后来，在北宋和西夏的战争中，它被摧毁了。也许，统万城是陕北古代历史上最庞大的地面建筑群。当时城里的房屋是什么样子已经无从知晓，但似乎不是窑洞。它被毁整整 1000 年了。1000 年，人类已经从中世纪进入了信息时代，统万城也已被毛乌素沙漠吞没，只剩下几个白色的城垛，就像沙海中的一艘沉船永远迷失了航向。

陕西佳县
Jiaxian, Shanxi

　　就在晋陕峡谷两岸的黄土坡上，人类迄今沿用着一种古老的居住形式——窑洞。日本学者曾惊叹窑洞在黄河流域分布之广，说荒凉的黄土地下是一个百万都市。其实居住在窑洞中的人何止百万。

　　像蜂窝一样累累叠叠的窑洞，一层一层，一排一排。洞口的拱券曲线，连成一条条起伏的抛物线，宛如微风掠过海面，激起层层微澜，同座座山峁连成的山际线形成美妙而和谐的呼应，使人觉得黄土高原和窑洞，真是天造地设之作。

　　窑洞民居是一种向地下争取居住空间的掩土建筑或地下建筑。黄土窑洞由于它的围护结构是原状土，热能散失最小，保温、隔热性能好，所以冬暖夏凉，是天然的节能建筑。

　　窑洞建筑虽然是古代穴居的一种发展类型，但它保持环境，取之自然，融于自然，所以又是最符合现代建筑原则的建筑类型之一；它因地制宜，就地取材，适应气候，土生土长，具有浓郁的风土建筑特色；它妙据沟壑，深潜土塬，功能合理，表里如一。诗人曾以"千沟万壑，驼峰拥翠，长城烽火窑洞"的诗句来描绘陕北黄土高原的景色。

　　一个单独的窑洞也许打动不了我们，但一个金字塔式的布满无数蜂窝孔的窑洞群落，却使我们为之动容。

统万城，当地人叫它白城子，是东晋时一个拥兵自重的匈奴将军赫连勃勃建立的大夏国国都。后来，在北宋和西夏的战争中，它被摧毁了。也许，统万城是陕北古代历史上最庞大的地面建筑群。当时城里的房屋是什么样子已经无从知晓，但似乎不是窑洞。它被毁整整1000年了。1000年，人类已经从中世纪进入了信息时代，统万城也已被毛乌素沙漠吞没，只剩下几个白色的城垛，就像沙海中的一艘沉船永远迷失了航向。

山西

商俗

店面连春节

山西祁县乔家大院

从陕北过山西，除了传统的渡口外，还有三处公路桥。从中间的吴堡桥过河就来到了吕梁山。翻过吕梁山往东下去，就到了山西最富庶的晋中盆地。

晋中盆地是一条狭长的走廊，西有吕梁，东有太岳，两条大山夹峙左右。汾水如带，从盆地中间穿梭而过，串起一座座明清古城。

在太原南边40千米的地方，有一条汇入汾水的支流——昌源河。河边有一条五里长街，长街的南端，耸立着一座12米高的三层楼阁，楼的正面匾书"永镇昌源"。这就是建于明朝洪武初年，距今有600多年历史的"镇河楼"。

镇河楼，顾名思义，乃为驯服洪水而建。据说自建斯楼以来，此地600年无水患，境内繁荣昌盛，人民安居乐业。镇河楼下，驼铃叮咚，商旅不绝，四川和陕西到太原跑买卖的，必然从楼下通过。就连慈禧太后为避八国联军之乱逃往西安，也得屈尊过此楼下。"川陕通衢"的匾额，依稀反映了往日盛况。

这里就是唐代著名诗人王维的故乡——山西祁县。祁县也是著名词人温庭筠的故乡。温庭筠的词，写来婉约香艳，总离不开空空的庭院，那"玉楼明月长相忆""绿窗残梦迷"的深宅闺怨，不想正成为明清两代祁县许多商贾之家妇女生活的写照。

在历史上，山西商人闻名全球，晋商与徽商并立称雄。俗语说："无徽不成商。"而一位美国研究商业史的学者则说："世界上凡是有麻雀的地方就有晋商的踪迹。"

祁县商帮，则是晋商中的翘楚。

只要看一看分布在祁县县城3平方千米内的大大小小的华丽院落就足以明了祁人经商的成功。满城是砖雕石刻，家家有亭堂照壁。五脊六兽，彩绘玲珑。院有二进、三进套东西偏院，每院必有门楼，或贴墙砖雕，或挑角出檐。石狮蹲踞门旁，门前立拴马石，铺下马坡。

再看祁县古城东西南北四条大街，街衔是古老店铺，店店有金匾楹联。一式的二层木结构，一水的明柱出檐，一色的木雕彩画，的确是明风清韵，古色古香。

远在宋代，祁县商人就已崭露头角。明清两代，特别是在清代的康熙、乾隆以后，祁县帮的商号遍布全国，甚至远至俄国的西伯利亚和莫斯科，朝鲜的平壤、汉城（首尔的旧称），日本的东京、大阪，以及南洋各地。全县60%以上的家庭都有过经商史。当时的乡俗，是把最有才能的子弟送去经商，次一等的子弟才令其读书求仕，甚至连一些秀才也纷纷"下海"，弃文经商，而且把这叫作"秀才进字号——改邪归正"。经商之盛，使祁县成为全球闻名的商业金融名城；尤其是票号，也就是现代银行的雏形，更是祁县商帮的杰作。光绪年间，全国有票号60余家，祁县就占了21家，"执全国金融牛耳"。

在这些巨商大贾中，著名的有张家、翟家、孙家，后来又有乔家、渠家、何家。

家家都有大院，大院都很恢宏。

渠家大院是全国独有的五进穿堂院。院中有堂，有厅，有阁，有桥，有水，有山，有石，有砖雕，有石刻，有景瓷，有硬木家具，还有重金购买的名人字画。商家有了钱，就用钱买风雅，买气派。考场上失去的，官场上没有得到的，统统用钱买回来。集官式建筑和文人建筑于一身，这就是晋中商贾人家的大院给人们留下的最深刻的印象，同徽州商贾人家相比，多了些霸气，少了些文气。

在祁县县城东北12千米处，有一座气势宏大的庄院，共有6个大院，20个小院，313间房屋组成双喜字形布局；一条石铺甬道，长80米，宽7米，将南北6个大院分隔两旁，直通尽头的祖先堂。这座壁垒森严的城堡式建筑，就是乔家大院。

"皇家看故宫，民宅看乔家。"这种说法虽然有点夸张，但占地8724.8平方米的乔家大院，的确是"清代北方民居建筑的一颗明珠"。

乔家大院是一座城堡式的建筑，宅院周围封闭的砖墙高十几米，上面有城堞似的垛口。这种城堡式民居建筑，在晋中非常普遍，尤其是大户人家或聚族而居的家族，院落总要设计成堡子。之所以如此，无非是防匪防盗。

晋中自古为兵家必争之地，祁县又当要冲，是太原的南大门。在平川上营造居室，只要财力物力允许，商贾地主之家为求安全，一般都采用院落组合的城堡形式，作为躲避社会动乱的安全据点。"堡子"自身无疑是个军事要塞，既能攻又能守，还可以储备一定量的生活物资。院中还掘有水井。一遇乱世，家族老小龟缩院堡中自保，相当时日可以自给自足。

乔家大院这个"堡子"，俨然是一个小小的独立王国，是一个在民间的小小的"紫禁城"。

商贾人家再有钱，也不许用斗拱，所以无"雕梁"，不许有彩绘，所以无"画栋"。在这一点上，它是永远也无法同官宦人家相比的，更不用去攀比什么"紫禁城"了。北京四合院的灰色，被皇宫王府的金碧辉煌压迫得抬不起头来，而且其体量、高度和装饰也都尽量保持克制。晋中民居尤其是商贾大宅可就没有这么谦恭了。天地之间，灰匝匝的一大片、一大群，这种暧昧的颜色居然成了黄土地上连接天地玄黄的一个恰到好处的柔和的过渡。它有时候接近土黄，有时候接近瓦青，令人捉摸不透；不灿烂，不纯净，却有混融一切的沉毅和坚实；而且，这是一种历史的颜色，韬光养晦，愈久愈醇，无须刷新，与日深沉——它的确让人们联想到历史的品质。

与这种整体的灰相配的是门、窗、柱的黑色。秦晋之地门窗尚黑，固然有极为古老的文化渊源，但从色彩学角度来说，门窗是建筑的眼睛，在大面积的灰色底子上，点睛之笔如果不是黝黑的颜色，又如何点醒其精神呢？晋派建筑在这种地方让我们领教了"玄之又玄，众妙之门"的奥义。

但是令人感到沮丧的是某些门脸烦琐的砖雕。祁县老街很多民居的门楼，上下左右雕琢满墙。很多人非常欣赏其工艺的精巧，但它也恰恰显示出一种浅薄的模仿。它是对石雕和木雕的惟妙惟肖的模仿，但它恰恰忽略了砖的材性。在坚固性和耐久性上，砖是无法同石头和木材相比的，经过雕琢的砖块极易受损，而一旦受损即显破败。过于烦琐的砖雕使本来素朴敦实的晋派建筑染上了柔靡的"洛可可"风格，这或许是纯正的趣味向金钱的恶俗妥协的结果。

乔家大院的院落形式有好几种，有四合院、穿心院、偏心院、过庭院；参差错落的房顶造型极力避免雷同，有悬山顶、歇山顶、硬山顶、卷棚顶和平顶。不断变化的天际线剪切出丰富的建筑剪影，是单调的黄土地上一道引人遐想的风景线。电影《大红灯笼高高挂》的外景就选在乔家大院，电影中给人以强烈印象的封闭狭长的院落和灰压压令人窒息的屋顶，对于表达电影的深层意蕴及烘托时代气氛起到了关键作用。可以说，乔家大院作为一个特定时空的建筑，其文化内涵的一个重要侧面被电影《大红灯笼高高挂》揭示出来了，揭示得惊心动魄！

不知不觉间，一抹余晖斜射在青灰色的瓦楞上，屋顶上一道道瓦沟就像刚刚犁过的黄土坡。屋檐下、门洞里、院墙内都笼罩着暗重的阴影，这时不知何处楼台飘来几声洞箫声，如泣如诉，如怨如慕。渐渐地，昏黄的暮色悄悄吞没了这座黄土高原上的"紫禁城"。

属于乔家大院的那个时代确已成了"远去的从前"。

山西祁县乔家大院
The Qiaos' Compound in Qixian, Shanxi

在祁县县城东北12千米处，有一座气势宏大的庄院，共有6个大院，20个小院，313间房屋组成双喜字形布局；一条石铺甬道，长80米，宽7米，将南北6个大院分隔两旁，直通尽头的祖先堂。这座壁垒森严的城堡式建筑，就是乔家大院。

"皇家看故宫，民宅看乔家。"这种说法虽然有点夸张，但占地8724.8平方米的乔家大院，的确是"清代北方民居建筑的一颗明珠"。

乔家大院是一座城堡式的建筑，宅院周围封闭的砖墙高十几米，上面有城堞似的垛口。这种城堡式民居建筑，在晋中非常普遍，尤其是大户人家或聚族而居的家族，院落总要设计成堡子。之所以如此，无非是防匪防盗。

乔家大院这个"堡子"，俨然是一个小小的独立王国，是一个在民间的小小的"紫禁城"。

乔家大院的院落形式有好几种，有四合院、穿心院、偏心院、过庭院；参差错落的房顶造型极力避免雷同，有悬山顶、歇山顶、硬山顶、卷棚顶和平顶。不断变化的天际线剪切出丰富的建筑剪影，是单调的黄土地上一道引人遐想的风景线。

秦晋之地门窗尚黑，固然有极为古老的文化渊源，但从色彩学角度来说，门窗是建筑的眼睛，在大面积的灰色底子上，点睛之笔如果不是黝黑的颜色，又如何点醒其精神呢？晋派建筑在这种地方让我们领教了"玄之又玄，众妙之门"的奥义。

山西乔家堡民居
Civilian Residences in Qiaojiabao Village, Shanxi

　　山西很多民居的门楼，上下左右雕琢满墙。很多人非常欣赏其工艺的精巧，但它也恰恰显示出一种浅薄的模仿。它是对石雕和木雕的惟妙惟肖的模仿，但它恰恰忽略了砖的材性。在坚固性和耐久性上，砖是无法同石头和木材相比的，经过雕琢的砖块极易受损，而一旦受损即显破败。过于烦琐的砖雕使本来素朴敦实的晋派建筑染上了柔靡的"洛可可"风格，这或许是纯正的趣味向金钱的恶俗妥协的结果。

京津

居得四时之正

北京四合院
Beijing Quadrangles

日本的汉学家吉川素次郎 20 世纪 30 年代曾在北京留学三年。他后来写了一本书，其中有几段记述了他对于北京宅院的感受。

"当时寄宿的房子是按清朝末年中级官僚的住宅样式而设计造成的，现在的主人也是民国的中级官吏。那是一所门面有十来间，背后还有二十多间，共二三百平方米的大宅邸。在高高的围墙之内，有九栋三十多间房子，木结构，粗大的木柱子上都漆以朱、绿及其他颜色，墙壁以灰砖砌起，在重要部位有精致的砖雕。正房即客厅前是中门，这中门的装饰更加用心，往往是五色的雕刻。而屋顶是流线型的，在漂亮、舒展的流线的底端是一个小小的莲叶，仰朝着天空。中门之内是一个正方形的庭院，庭院不是呈土色，而是整整齐齐地铺以灰砖。砖的颜色很沉稳，但也不乏明亮。每天从这样奢华的建筑物中醒来，从床上通过玻璃窗遥望中门的屋顶时，都有一种似乎睡在东京地方的德川家庙殿中的错觉。入夏，中庭上铺上苇帘，下面是大钵养植的夹竹桃，还有金鱼缸，以免阳光的强烈照射。

"屋内则不是壁砖的灰色，而是白色的粉墙上挂以字画。那不像日本的客厅那样只有一幅，孤零零地挂在壁龛之上，而是随处都有相宜的大副对联或整幅的小字或水墨的山水画或彩色的美人画，装饰着墙壁。而家具则一律是紫檀。

"房间与房间之间，以门窗隔开。门窗施以雕刻，且往往贴以深蓝色的、蝉翼般轻薄的丝织物。那丝织物的颜色及品质的高贵，反映了在这种生活中生活了几代至几十代的人所做的奢侈选择。回日本后，我再也没有看到过如此美丽的丝绸。

"我与当地学者所谈，主要是关于宋元古籍版本之事，以及当时学者们的逸事等。窗户镶嵌玻璃的很少，大致是贴以白纸，光线通过白纸，柔和地照射在紫檀木的几案上。案上铺展的是数百年前的印刷物，其纸之色、墨之色皆美洁如玉，它们沐浴着柔和的光线，简直就像一个有生命的、温良的小动物在呼吸一样。能够营造出如此清兴的场所，在日本，即使在战前，也是完全没有的。"

作为一个寄居于北京的日本客人，他的细腻超过了对此环境早已熟视无睹的主人。在这种非常安静的古色古香的氛围里，吉川感受到了那种不动声色的含蓄的奢侈，当然也感受到了靠历史和文化营造出来的那份"清兴"。

有这样含蓄的奢侈和文化清兴的宅院，老北京城里过去是很多的。不管规模大小，一般都叫"四合院"。因为由东、南、西、北四个方向的四排房子围合一个中央庭院，组成一个基本平面单元，所以叫"四合院"。

四合院住宅至少已有 2000 年的历史。建造和使用这种住宅的人，一般具有优裕的经济基础。

四合院的主要特征是对称式平面与封闭式外观。主要建筑面南背北，四面围合，前低后高，中间空虚，构成一处中心藏风聚气的阴阳和谐的场所，符合老子所说的"万物负阴而抱阳"的理想模式。

北京四合院按着南北纵轴线对称地布置房屋和院落。住宅大门多位于东南角上，门内迎面建影壁，使外人看不到宅内的活动。自此转西至前院。南侧的倒座通常做客房、书塾、杂用间或男仆的住所。自前院经过纵轴线上的二门（讲究的家庭在此做装饰华丽的垂花门），进入面积较大的后院。院北的正房供长辈居住，东西厢房是晚辈的住处，周围用走廊联系，成为全宅的核心部分。另在正房的左右，附以耳房与小跨院儿，置厨房、杂屋和厕所；或在正房后面，再建后罩房一排。这样，一个标准的四合院除了中央庭院以外，还会分隔出七八个大小不等的小院。四合院的四周，由各座房屋的后墙及围墙所封闭，一般对外不开窗。院内栽植花木或陈设盆景，构成安静舒适的居住环境。大户人家的住宅则在二门内，以两个或两个以上的四合院向纵深方向排列，构成二进、三进、四进……的院落序列，所谓"庭院深深深几许"，就是对宅大院深的赞叹，有的四合院还在左右建别院，更大的住宅在左右或后部营建花园。

北京地区的四合院大门不在中轴线上，而是根据具体环境或位于东南，或位于西北，或位于东北的角上。大门不在中轴线上的四合院是受北派风水学说的影响而形成的。这种学说认为民宅不能像宫殿、衙署和庙宇那样在南面中央开门，应依先天八卦（也就是伏羲八卦，不同于文王的后天八卦），把大门开在东南角上；而建于路南的住宅大门应位于西北角上。因为依先天八卦，西北是艮位，艮为山；东南是兑位，兑为泽；在这两个方位设大门，释意为"山泽通气"。宅子最好建在路北，这样大门可开在东南兑位。如果宅子只能建在路南，则大门应开在西北方位。东北方向是震位，震为雷，是开门的次好方位，万不得已时可在此方位设门；但西南方向是巽位，巽为风，这是凶位，不能开门，一般设厕所于此。

四合院的院子特别重要，因为四合院的封闭式结构已经把院外的空间隔绝了，院内的空间对于特别强调"天人合一"的中国人来说，几乎就是同宇宙天地往来的唯一场所了。天为阳，地为阴，院子是天地贯通一气的媒介。居住在院里的人，仰可观天，日、月、星辰三光可以朗照，风、晴、雨、雪四季可以递变，脚可踏地，可以莳花植卉，可以种树栽竹，可以养鱼饲鸟，可以接引地气。

四合院的结构强调内与外、闭与敞的统一。四合院的四向，象征了天之四象——太阳、太阴、少阳、少阴和四季变化，使人任何时候都能有选择地享受到不同朝向所带来的日照与阴影，享受到冷与暖的温差变化，享受到既避风又通风的好处——因为四合院占尽四向。房屋不但组成了一个聚气的空间，而且中庭成了阴阳相交之处，院落中的光影区从朝到夕随时间变化，影子由长到短，又由短到长。门道成了引导气流的渠道，一开一合造成一明一暗、一凉一暖的变化。廊子是动静结合的产物，不仅可以防雨雪，而且正午可以遮挡烈日，早晚可以纳凉，使庭院产生了四合环抱的意趣。

四合院的四方四正，里面含一个"井"字格局，也就是四正四隅加中心的九宫格平面。从奴隶制社会的"井田制"到以后发展起来的明堂、宫室、庙宇，中国传统建筑始终力图使建筑艺术具有鲜明的社会性、政治性和伦理性。"井"字分割产生一个中心，而且构成对称、平衡、稳定的平面，这种秩序感所具有的理性色彩，与中国礼教文化对社会结构的设计具有同构性，所以特别为簪缨缙绅之家所采用。

在四合院中，北屋是最适合人居住的，因此这里居住着一家人中的长辈。但有些四合院北屋被作为会客、祭祀的厅堂，这样，主人常常居于东西厢房和后堂而不居北屋。这在越是讲究格局的大户人家的四合院越是明显，这也说明在最讲礼法的人家，最适合居住的房间往往承载了礼教的功用。

北京明清四合院的单体建筑，经过长期的经验积累，形成了一套成熟的结构和造型。一般房屋在抬梁式木构梁的外围砌砖墙，屋顶式样以硬山式居多。由于气候寒冷，墙壁和屋顶都比较厚重，并在室内设炕取暖。色彩方面，除贵族府第外，不得使用琉璃瓦、朱红门墙和金色装饰，因而一般住宅的色彩，以大面积的灰青色墙面和屋顶为主，而在大门、二门、走廊与主要住房等处施彩色，并在大门、影壁、墀头、屋脊等砖面上加若干雕饰，来打破灰溜溜的整体形象，从而获得良好的艺术效果。

天津冉村
The Ran Village,Tianjin

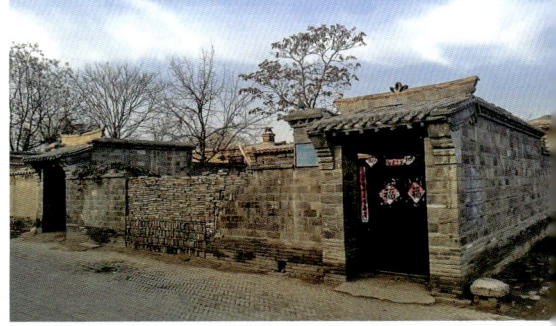

无梦到徽州

安徽

"徽之为郡在山岭川谷崎岖之中。"

"五岳归来不看山，黄山归来不看岳"的黄山山脉，就盘桓于徽州境内，美丽的新安江水系蜿蜒于山谷盆地之间。就在这个皖、浙、赣三省交界处，从唐大历四年起即为府治。山川秀丽、险阻天成、兵革少到的小小盆地内，明清数百年间，竟出现了片片"世外桃源"："乡村如星列棋布，凡五里十里，遥望粉墙矗矗，鸳瓦鳞鳞，棹楔峥嵘，鸱吻耸拔，宛如城郭。"

徽州村镇，大都顺溪水走向展开。有趣的是，溪水不是绕村而过，而是盘曲于街巷之中。许多村镇的入口处称为"水口"，广植高大乔木，点缀凉亭水榭，粉墙青瓦整齐有序，蓝天白云跌落水中，老人聊天谈古，妇女浣纱洗帕，牧童嬉戏追逐，绿荷摇曳，群鸭戏水。诗人咏道："青山绿水本无价，谁引碧渠到百家？洗出粉墙片片清，映红南湖六月花。"

新安郡、徽州、黄山市，是同一个地区在历史上不同的行政区名，只不过一个让人想起水，一个让人想起区域文化，一个让人想起山罢了。当地官员和父老说起区域名称的得失时，人人都表示一种不能兼顾的无奈。既饶文化积存之富，又得山川形胜之助，九州之内，唯徽州而已。

徽州四面环山，盆地只有 100 平方千米，溪流蜿蜒、阡陌纵横，属于典型的精耕细作地区。古越人最早开发了这片盆地。东晋北方士族南迁给徽州带来了儒风。到了南宋，文风日益炽盛，出了一个大儒朱熹，紫阳书院学子云集，徽州人甚至以"东南邹鲁"标榜天下。长期的和平环境，导致徽州人口众庶，而狭小的盆地，"力耕所出，不足以供，往往仰给四方"，逼使徽人离开土地四处谋生，好在东晋北方士族南迁的同时也带来了手工业和商业的传统。宋代徽商资本日益活跃，到了明清时期，徽商资本已经财雄势大，逐渐控制了长江中下游的金融，以至于有了"无徽不成商""无徽不成镇"的民谚。人们对徽商有个评价："贾而好儒，贾儒结合""虽为贾者，咸近士风"。徽商都是亦商亦儒的儒商，他们宗族观念浓厚，桑梓之情很重，往往把聚敛的大量财富转回故里，修祠堂，造宅院，建书院、牌坊，等等，为了强固宗法制度，甚至全面规划一族人聚居的村镇。在这片"世外桃源"里，徽商们"耕读传家"，搜尽海内珍籍名画，家传户诵，因而子弟中怡情于琴棋书画者大有人在。新安画派，明清以来几代有名手，这些人眼界之高尚，趣味之清雅，对徽派建筑的形制、色彩和品位的形成影响巨大。徽派建筑的黑白之美及其同青山绿水之间的画意联系，在中国各地的传统村落建筑中是最有视觉感染力的，从任何一个角度看，都能构成一幅动人的图画，在建筑上稍不留心就会暴露出来的那股恶俗的铜臭味，在徽州被一股士大夫的书卷气给中和了。于是，我们看到了一个贾儒结合生下的"宁馨儿"，看到村镇的整体规划和构件的细节装饰等各个方面，"义利之辨"这让人纠缠不清的学术命题得到了轻松的解决，

黄山山脉

安徽黟县际联宏村南湖

人伦之义与厚生之利彼此相安。义，吾所欲也；利，吾所欲也；必须做出选择，则各取百分之五十，无义不能成人，无利不能养人——徽州人太明白这个道理了，所以在他们的建筑主题和装饰题材中，对义与利概不偏废。

徽州传统村落建筑之盛，是建立在"富商巨贾，藏镪百万"的经济实力基础之上的。可以毫不夸张地说，如果在长江中下游沿江地区是"无徽不成镇"的话，那么，在徽州，完全可以说"无商不成村"。

当我们徘徊于潭渡、宏村、西递，照影水塘，濯足清溪时，会对徽州村镇的人工水系获得新的认识。它们既是灌溉系统，即农田水利基本设施；又是生活系统，即相当于现代的自来水管道；还是依据风水学说而精心规划设计的一套精神系统。在徽州村落建筑和村镇规划设计中，水不仅具有实用的功能，也不仅具有审美的功能，更重要的是，水还具有象征的功能。"理水"这一原本是园林建设的概念，在徽州成为村镇规划布局最重要的内容。人工水系的有无和发达与否，是衡量一个居住群落文明水准高低的重要标准。联想到今日世界尚有许多地区的人们对此仍无自觉，我们不禁要为数百年前的徽州人感到骄傲和自豪。

让我们来看看宏村。

"何事就此卜邻居，月沼南湖画不如。浣汲何妨汐路远，家家门巷有清泉。"这是古黟诗人胡成俊描述宏村的一首诗。

宏村，现为黄山市黟县际联镇政府所在地。明代永乐年间，宏村出了汪思齐，他发现村中有一泓天然泉水，冬夏泉涌不息。于是三请风水先生和族内高辈能人，"遍阅山川，详审脉络"，制订出扩大宏村基址及进行村落全面规划的蓝图。这幅蓝图的核心部分就是"理水"。用仿生学的方法，把全村水系按牛的内脏规划。先在西汐河上拦石坝抬高水位，然后挖水圳导溪水入村。水圳仿牛肠九曲十弯，绕屋穿墙，流经家家庭院后，又汇入村中心天然井泉处的月沼池塘，供防火、灌溉、洗涤之用。河溪水与井泉水两股活水汇合后，月沼池塘中的水便终年不竭，清澈流淌，自净不腐。到万历年间，村人又仿照西湖"平湖秋月"样式，建成南湖。至此，村中水圳为牛肠，月沼池塘、南湖为牛肚的仿牛体消化系统的人工水系全都完成。细细想来，溪水入村，经九曲十弯，入月沼池塘与泉水汇合停蓄，再进入更大的南湖"反刍"。对水的这种极具匠心的处理，只能出自于既谙熟牛体解剖，又精通金融运营的理财老手的巧思。实际上理水就是理财，理财就是理水，二者的思路是相通的。拦溪筑坝是吸储，挖圳入户是放贷。千家获利后汇入月沼与象征自有资本的井泉合成更大的资本金，然后经过多方营运，扩张成更为庞大的"银行"——南湖。资本在这里细细反刍后，寻找新的流向和更大的目标范围……宏村水系揭示了徽商操控长江中下游金融命脉的秘密，隐含了徽商对理财的深刻思考。今天，当中外建筑专家把宏村誉为"极其精巧的古代村落规划的立体史书""是研究中国古代水利史、环境学的活教材"时，不要忘了，正是水象征财的观念，才导致了这一奇情妙趣的村落规划奇观，在牧歌情调的农业文明的外壳里，包裹着的原是一个金融资本的精灵。

可惜的是，囿于文化和时代的局限，徽商并没有把金融营运当作终极目标来追求。他们的人生目的，仍然是农业社会的求田问舍，"耕读传家久"始终是他们认可的具有最大安全系数的家族延续方式。儒商的局限，导致了中国社会的演进离工商文明的门槛就差那么一步。就这一步之遥，18世纪以后世界历史的主动权就再也不操控在中国人的手里了。不过聊可自慰的是，徽商求田问舍的终极追求，为我们留下了徽州盆地上鳞次栉比的精美村舍。早在5世纪的时候，人类就这样诗意地栖居在大地上了。

在徽州传统村落建筑中，水，升华为一种象征，一个意象，成为民居中流动着的灵魂，

安徽黟县际联宏村

安徽黟县西递村

甚至成为商人的"图腾"。

中国大陆大部分处在北回归线以北，所以大部分地区的民居朝向都是"坐北朝南"。而徽商在选择门向上，却是"坐南朝北"。这一反其道而行之的根据是东汉学者王充的话："商家门不宜南向。"为什么呢？因为根据"五行"说，南方火也，而商者财也，财者金也，火可以铄金，于商不利。北方呢？北者水也，水者金也，从北方流来的水称为金水，北京紫禁城里的金水河，就是因其由北向南故而得名，所以，商贾之宅，大门朝北，就是为了"向得其宜，富贵吉昌"，迎受由北而来的滚滚财水。于是乎不得不牺牲坐北朝南那冬暖夏凉的舒适，以保财源茂盛。

即使在单体建筑中，徽州民居也深刻地烙印着商人的某些特有心理。比如说，徽州传统村落的建筑布局基本上是围绕长方形天井为单元。本来，天井是为了采光、通风和排水的需要而设置的，但徽州人为图"财水不外流"，在屋顶瓦面四檐用水笕引聚雨水，汇流于天井，然后顺水笕注入明堂，从地下渗透。从工程经济学的角度来看，这是不合算的，把屋面雨水的处理复杂化了。但徽州人认为这就叫作"四水归堂"：四方之财，尽聚我家。为了获得这种心理暗示和满足，宁可增加工程预算和建筑难度。

徽州民居的前厅，是个很庄重的地方，家人起居，族人相聚都在这里。前厅的槅扇门上，雕刻的题材一般都是"八仙"。"八仙过海，各显神通"，要求族人学会谋生聚财之道，学会各种本领，各领风骚。可见，徽人对子弟的教育，首先注重生存能力的培养，那么，赚钱发财又是为了什么呢？徽州民居的后厅回答了这一问题，并揭示出中国人的最高人生目的：后厅柱石上均雕有"寿"字，图案也由"八仙"变为寿星，变为"九世同堂""百年受禄"，主旨也由前厅的"各显神通"变为"多福多寿，多子多禄"。这就是徽州人经商发财的最终目的。

正是为了这个目的，这个人生的归宿，徽商才把他们聚敛的巨大财富转回故里，修祠堂，造宅院，大兴土木，辟基拓产，在桑梓之地铺金砌银，才给今人留下这"山深人不觉，全村同在画中居"的徽州民居，栋宇鳞次，重楼宏丽，令人叹为观止。

徽州住宅多面临街巷，互相毗连，视觉上第一观感就是粉墙嵯峨。山墙高出屋面，层层叠落，循屋顶坡度而呈阶梯形状，这就是著名的马头墙。马头墙是以其形状得名，而"封火墙"才说明了它的功能。据《徽州府志》记载，为了防火，明弘治末年"家治崇墉以居"，出现封火墙的做法。可以说，这是以砖结构为主的传统村落建筑替自己找到了一个很恰当、很漂亮的性格表征，是材料力学、防火功能与艺术造型的完美结合，既区别于木结构建筑，又区别于石结构建筑。在林木葱郁、山清水秀、雨水充沛的长江中下游地区，依山傍水，出现这种参差错落、组合有序、碧瓦粉墙的马头墙群，让人觉得造物主和人类在一次即兴演奏中达到了最完美的默契。如果没有这些马头墙，草长莺飞的江南，又如何去撩动宦海商旅中的游子那归去来兮的田园情愫呢？

徽州传统村落建筑一般只有两层，看上去却嵯峨堂皇，气势不凡，不能不说是马头墙的功劳。马头墙平面感很强，外墙几乎不开窗，粉墙连片成块，组成几何形的空间围合，增加了建筑的体量感与完整性，造成一种庞大的空间氛围。墙头的青瓦就像给这个围合的白色空间镶上了一道框饰，这道框饰与同墙的平面相比，形成线的运动，自由而有节制，活泼而不轻佻，节奏明快，韵律感很强。黑白两个极色的处理蕴含很深的哲理，使人想起中国文化的黑白之魂——阴阳太极。大面积的代表空无的白和恰如其分的代表玄奥的黑，也让人想起新安画派，想起渐江、程邃、查士标、汪之瑞等徽州画家"惜墨如金"的山水画。

从远处看，马头墙给人以音乐的感觉；而一旦走到它的跟前，音乐会骤然消失，整个大千世界突然遁形，唯余一堵巨大的高墙迎面而立。高墙完全刷成白色，站在它跟前就像面临虚无，因为眼前除了素白几乎一无所有。可是就在这大片空白之上，会毫无连带、毫无依傍地嵌进一座深灰色的门楼，而门楼的两根立柱居然不曾着地，这就使得门楼像是虚悬在空无之中。没有一个徽人认为这在空间关系上缺乏逻辑。正是这种感觉，使现代建筑师和画家着迷。当人们向壁而立，冥思这虚空粉碎、无虚非实的玄奥境界时，古人的慧光照澈我们的灵台，寂静惺惺。

徽州民居的原型是有天井的三合院。院群的发生与生长是围绕天井进行的，再小的住家也必有天井，如一步天井，天井仅有一步宽。徽州的院群是以血缘亲疏来划分组团和区域的。一个院户可视作最小一级的家的组团，院户相连又可形成更近的组团和区域。它们同另一个组团和区域的分别有时靠地坪的标高差异，有时靠坡度变化，有时用一个券门也就是当地人说的"不管事"来划分。

总的来说，徽州村镇形态的形成过程基本上属于"规划生长"型，它运用宗教、伦理等控制手段，使形态注重整体性、规划性、象征性。它体现了社会的要求以及伦理的秩序观念，也呈现出层次感、有机秩序、几何性秩序等高级形态。它不仅是对自然的顺应，更重要的是对自然的调节，表现出文化对自然的"反馈"，体现了儒道互补的文化结构对村落建筑和村镇规划的深刻影响。

人们已经很熟悉扬州和苏州的私家园林，其实扬州最有名的三大园林，均为徽州人侨居扬州时所建。乾隆南巡时，扬州有名园数十处，多为徽商别业。不管是扬州园林还是苏州园林，都是城市园林，受地形环境的限制，不易获得开阔的视野和借景条件，因此形成封闭格局。

徽商回到家乡，也把园林意趣带了回来。因不受市井限制，意境开阔舒张。

徽州园林选址多在村头水口，村头水口自然环境优美，能利用天然湖山陂地，因地制宜，巧于因借，与山水、田野、村舍融为一体，"自成天然之趣，不烦人事之工"，给人以质朴亲切的感觉。

书画大师黄宾虹的名字，即取自他家乡歙县西溪潭渡村口的"滨虹亭"。据《潭滨杂著》记载："潭渡名胜滨虹亭，在三元桥之南，为地仅方丈，为柱十六。当日车欲坠，回瞻我里，暮烟霭查，树色苍茫，绛气丹霞，水天一色，返照之景，此为最胜。"

把水口园林作为村镇规划的有机部分综合考虑，运用诗人画家意匠，剪裁真山真水，使居住环境艺术化，使艺术生活化，把自然和社会融成一件环境艺术的杰作，这可以说是

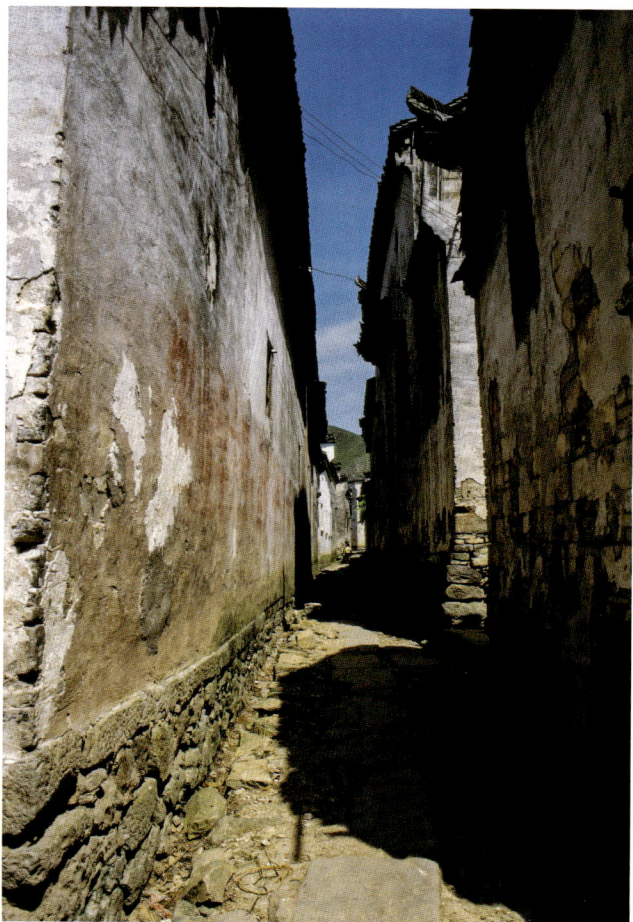

安徽黟县西递村

儒家"天人合一"理想在村镇规划中的具体实现，也是中国传统文化中最让人着迷的人文精神的表露。可以毫不夸张地说，正是经济实力同儒家人文精神的结合，使得徽州许多村镇事实上成了一座完整的园林，山情水态，村嚣墟霏，缭曲依微，盎然可掬。农人耕读之暇，凭虚而眺，但见黄山诸峰，萦青缭白，隐隐云间；冈联峦属，横亘如带；丰乐之溪，水鸣锵锵；一望田畴，良田万顷；沟渠绮分，波平绣错；秧针濯雨，麦浪乘风；倚槛课耕，此了何及！人生至此，夫复何求？

徽州小镇的外观形象，无一例外地都具有一种令人激动的整体感。多向的、很少透视感的体面，层层叠叠，有机和随机并置，没有什么特别突出，但每一部分都不可缺少，这对习惯几何与逻辑分析的人来说，的确令其困惑。

但最扑朔迷离的，还是密布于村镇中像蛛网一样的小巷。江南小镇的全部秘密，都存储在这些青石板铺成的弯弯小巷中。如果说小镇是一首诗，小巷就是诗句之间的空行；如果说小镇是一幅画，小巷就是画中的空白；如果说小镇是一支曲，小巷就是曲中的顿断；如果说小镇是一个毛笔字，小巷就是字中的飞白。它是一个间隔，但更是一种连接；它不是房屋那样的实体，但却是更重要的存在。

巷道是两户的分界，仅有一米多宽，甚至更窄。皖南巷道的宽度平均小于两米，而巷道两侧的户墙高达十几米，间隙两端由两户分别修建一座象征公共区域的圆拱门，当地人给它取了一个挺诙谐的名字——"不管事"。人在巷道中行走，不可能有什么透视，不可能有什么预见，也难以寻觅出一定的规律，一切都是随机布置的。所以，人在巷中行，就是亲临其境地感受东方文化中随遇而安、随性随缘、随机变化的种种生存智慧。头不要抬得太高，眼不要望得太远；脚踏实地，看准眼前；走一步，看三步；走三步，一回头。细心聆听自己踏在青石板上的足音——这就是你的人生之路，既走了进来，必走得出去，一定要从从容容，免得左右碰壁。

人类建筑史上最早的石头建筑，都是纪念性建筑。似乎只有替神或者替一个观念搭盖一个纪念性建筑时，人类才愿意贡献出最高超的智慧、最浪漫的想象，而且愿意为此耗费最大的财力、物力和体力，以征服自然界中坚硬的物质——石头。

在徽州盆地，有一种引人注目的纪念性石头建筑——牌坊。光是歙县，自唐宋以来就建有400多座牌坊，至今仍存104座，徽州可以说是地球上牌坊密度最大的地区。

歙县城里的许国石坊，是中国独一无二的八脚牌坊，也是历史文化名城歙县的标志，有人戏称它是黄山人的"凯旋门"。

许国是明代三朝元老，官至礼部尚书兼文渊阁大学士，据说此人少时家贫，为生计所迫曾在泾县当教书先生，他教的学生中多有中举人、中进士者，少年得志，言语间大有小瞧先生之意。于是许国闭馆回徽，知耻而进，终于高中进士，历仕三朝，甚有政绩。因平息云南边乱有功，万历皇帝下旨恩准他回乡修建牌坊。据说许国始终不忘泾县之辱，当他回到徽州后，特命泾县县令造牛车数辆，征民工若干，从泾县拉石头到徽州给他造了这座八脚牌坊。许国此举，气量太小，也有可能是歙县人编派给泾县人的。不过，徽州长辈常以此劝诫不尊敬师长的孺子，倒也促进了徽州尊师重教的风气。许国知耻而进、功成名就荣归故里的故事，对徽州士子产生了强烈的人生示范作用。牌坊上当街悬刻的"先学后臣"四个大字，对寒窗苦读的人既是诱惑又是安慰。这座许国石坊，也就超越许国个人的荣辱，而成为徽州人追求荣誉、砥砺志气、渴望成功的纪念碑。

凡是到过歙县的人，要想在视野中躲开牌坊，几乎是一件不可能的事，在过去的官道和所有村镇的要冲，都矗立着这种带有标志性的纪念建筑。让人惊讶的是，它往往不是一座，而是一组，甚至是一群。有三坊群、四坊群，但最令人叹为观止的，是棠樾七坊群。

棠樾村距离歙县县城只有 6 千米。车向棠樾进发，远远地就能看见村头大道上如仪仗般排开的七座牌坊。这些牌坊均为棠樾鲍氏家族所建。牌坊按"忠孝节义"的顺序依次排列。鲍家是盐商，据说早在清朝前期，朝廷已先后赐建了忠、孝、节三座牌坊，但村里的名流巨富们仍嫌不足，想凑足"忠孝节义"四个字，再立一座义字坊。于是就将这一愿望通过某种渠道透露给乾隆皇帝。聪明的乾隆决定满足鲍家难能可贵的荣誉感，答应了这个要求。但他仔细核算了这个"义"字的含金量，于是要求鲍家做一件大大的义举，为朝廷修筑 800 里河堤，并发放三个省的军饷。身为两淮盐运使司的鲍漱芳是当时最大的"官倒"之一，明知皇上敲竹杠，但为了家族的荣誉也在所不惜。于是一个愿打，一个愿挨，这座义字牌坊就立起来了。乾隆还御笔亲书"乐善好施"四字于坊上。这笔买卖乾隆做得很是漂亮，既满足了商人的荣誉感，又为国库省掉了一大笔开销。

这样，棠樾鲍家，清代四座牌坊，再加上明代已有的三座，一共七座，终于在中国历史上创造了一个纪录——用石头在家乡的原野上替家族建造了一座荣誉的殿堂。

牌坊对徽州人的魅力，说明了徽州人对荣誉有不可遏制的追求。既然是对荣誉的纪念，就不能在牌坊的造型上马虎了事。徽州牌坊，早期模仿住宅和祠堂的门屋，造成门楼的样式，气派华丽。从许国石坊开始，采用新的冲天柱造型，使石坊具有向上升腾的感觉，显现出精神对世俗的超越，更加庄重肃穆，而且引人遐想，也更富纪念意味。

为荣誉而活着，为荣誉而奋斗，为荣誉而牺牲，是徽州人的人生信条。这一点，人们只要看看徽州盆地星罗棋布的各色牌坊就不会怀疑。做官的在皇帝面前替老百姓说了几句实事求是的话，立座牌坊；忠臣平反昭雪，恢复名誉，立座牌坊；科举及第，连中三元，立座牌坊；寿逾百岁，成为"人瑞"，立座牌坊；而绝大多数牌坊，却是为那个社会最没有地位的妇女立的，这就是贞节烈女坊。岩寺镇有蒋氏女，18 岁夫死，自缢殉节被救未死，又绝食 5 日未死，再用斧头自击额头未死，被邻里抬回家后，乃趁人不备，坠楼而死，终获建坊纪念的"光荣"。方塘村一对妯娌，一个年方 17，一个年方 19，婚后不久，她们的丈夫先后死去，膝下无子无女，二人矢志守节数十年，生活贫苦异常，每每相向而哭，路人闻之亦为之泪下。她们死后人们为这双苦命女子建"胡门双节坊"。歙县城内新南路口还有一座"孝贞节烈坊"，建于 1905 年，用于集中表彰"徽州府属孝贞节烈六万五千零七十八名口"！为了男人的荣誉，多少女人牺牲了她们的人身权利和幸福！男人可以通过各种途径获得荣誉，而女人获得荣誉的途径却只有做烈妇。为男人守节说穿了就是为男人守面子。一个死去的男人的面子却要一个活泼的女人以生命的无端枯萎和凋落来维护。这么残忍的伦轨经过男人们的极力褒扬竟成为徽州大地上一道触目的风景，令人不禁要为男人的虚伪而羞耻，为女人的不幸而悲哀。值得深长思之的是，在人类文明演进的历史上，虚伪和不幸常常成为荣誉产下的孪生子。庆幸的是，这座集中旌表 65078 名烈妇的贞节坊，是徽州大地兴建的最后一座牌坊。

黄山山脉

"五岳归来不看山，黄山归来不看岳"的黄山山脉，就盘桓于徽州境内，美丽的新安江水系蜿蜒于山谷盆地之间。就在这个皖、浙、赣三省交界处，从唐大历四年起即为府治。山川秀丽、险阻天成、兵革少到的小小盆地内，明清数百年间，竟出现了片片"世外桃源"："乡村如星列棋布，凡五里十里，遥望粉墙矗矗，鸳瓦鳞鳞，棹楔峥嵘，鸱吻耸技，宛如城郭。"

把水口园林作为村镇规划的有机部分综合考虑，运用诗人画家意匠，
剪裁真山真水，使居住环境艺术化，使艺术生活化，把自然和社会融成一件
环境艺术的杰作，这可以说是儒家"天人合一"理想在村镇规划中的具体实现，
也是中国传统文化中最让人着迷的人文精神的表露。

安徽黟县际联宏村南湖

安徽黟县际联宏村池塘

理水就是理财，理财就是理水，二者的思路是相通的。拦溪筑坝是吸储，挖圳入户是放贷。千家获利后汇入月沼与象征自有资本的井泉合成更大的资本金，然后经过多方营运，扩张成更为庞大的"银行"——南湖，资本在这里细细反刍后，寻找新的流向和更大的目标范围……宏村水系揭示了徽商操控长江中下游金融命脉的秘密，隐含了徽商新理财的深刻思考。今天，当中外建筑专家把宏村誉为"极其精巧的古代村落规划的立体史书""是研究中国古代水利史、环境学的活教材"时，不要忘了，正是水象征财的观念，才导致了这一奇情妙趣的村落规划奇观。在牧歌情调的农业文明的外壳里，包裹着的原是一个金融资本的精灵。

徽州民居的前厅，是一个很庄重的地方，家人起居，族人相聚都在这里。前厅的槅扇门上，雕刻的题材一般都是"八仙"。"八仙过海，各显神通"，要求族人学会谋生聚财之道，学会各种本领，各领风骚。可见，徽人对子弟的教育，首先注重生存能力的培养。

蘀粉餘風宜承先志

薖粉餘風宜承先志

濃留待伴芷房憑教午
夜親黃妳細葉森森發

徽州小镇的外观形象，无一例外地都具有一种令人激动的整体感。多向的、很少透视感的体面，层层叠叠，有机和随机并置，没有什么特别突出，但每一部分都不可缺少，这对于习惯几何与逻辑分析的人来说，的确令其困惑。

最扑朔迷离的，还是密布于村镇中像蛛网一样的小巷。江南小镇的全部秘密，都储存在这些青石板铺成的弯弯小巷中。如果说小镇是一首诗，小巷就是诗句之间的空行；如果说小镇是一幅画，小巷就是画中的空白；如果说小镇是一支曲，小巷就是曲中的顿断；如果说小镇是一个毛笔字，小巷就是字中的飞白。它是一个间隔，但更是一种连接；它不是房屋那样的实体，但却是更重要的存在。

徽州住宅多面临街巷，互相毗连，视觉上第一观感就是粉墙嵯峨。山墙高出屋面，层层叠落，循屋顶坡度而呈阶梯形状，这就是著名的马头墙。

　　徽州传统村落建筑一般只有两层，看上去却嵯峨堂皇，气势不凡，不能不说是马头墙的功劳。马头墙平面感很强，外墙几乎不开窗，粉墙连片成块，组成几何形的空间围合，增加了建筑的体量感与完整性，造成一种庞大的空间氛围。墙头的青瓦就像给这个围合的白色空间镶上了一道框饰，这道框饰同墙的平面相比，形成线的运动，自由而有节制，活泼而不轻佻，节奏明快，韵律感很强。黑白两个极色的处理蕴含很深的哲理，使人想起中国文化的黑白之魂——阴阳太极。

　　赚钱发财又是为了什么呢？徽州民居的后厅回答了这一问题，并揭示出中国人的最高人生目的：后厅柱石上均雕有"寿"字，图案也由"八仙"变为寿星，变为"九世同堂""百年受禄"，主旨也由前厅的"各显神通"变为"多福多寿，多子多禄"。这就是徽州人经商发财的最终目的。

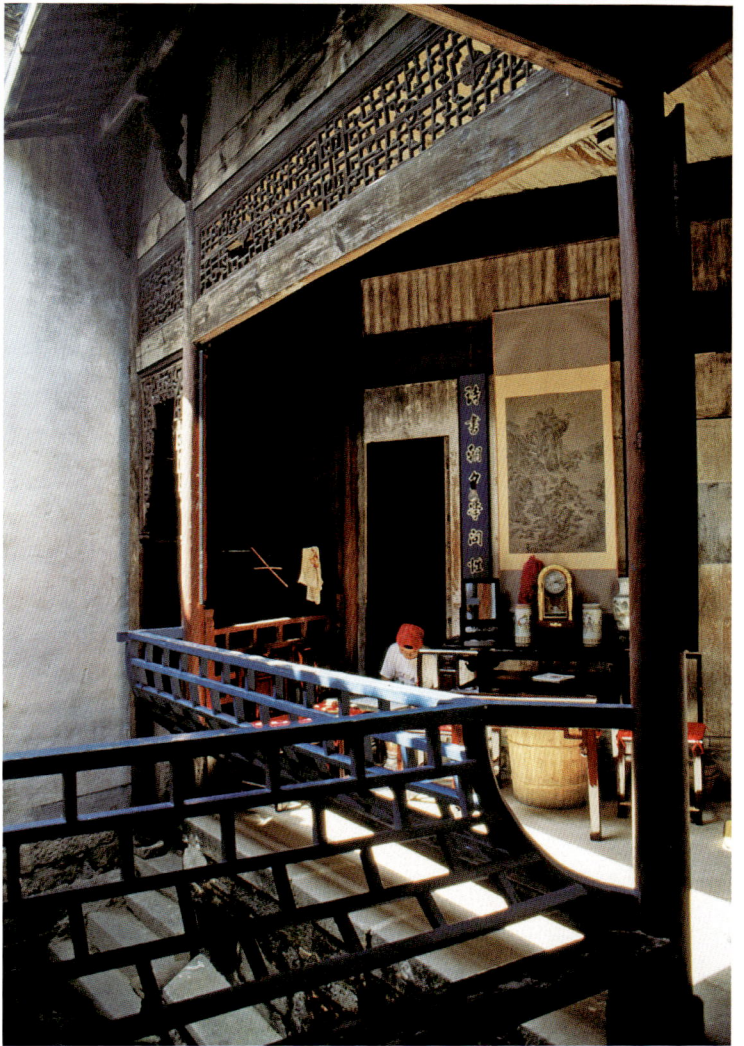

安徽歙县民居
Civilian Residences in Shexian, Anhui

巷道是两户的分界，仅有一米多宽，甚至更窄。皖南巷道的宽度平均小于两米，而巷道两侧的户墙高达十几米，间隙两端由两户分别修建一座象征公共区域的圆拱门，当地人给它取了一个挺诙谐的名字——"不管事"。

安徽棠樾民居
Civilian Residences in Tangyue, Anhui

安徽屯溪民居
Civilian Residences in Tunxi, Anhui

在徽州盆地，有一种引人注目的纪念性石头建筑——牌坊。光是歙县，自唐宋以来就建有400多座牌坊，至今仍存104座，徽州可以说是地球上牌坊密度最大的地区。

徽州牌坊，早期模仿住宅和祠堂的门屋，造成门楼的样式，气派华丽。从许国石坊开始，采用新的冲天柱造型，使石坊具有向上升腾的感觉，显现出精神对世俗的超越，更加庄重肃穆，而且引人遐想，也更富纪念意味。

团圆宝寨

福建

　　一般来说，传统村落建筑，尤其是中国传统村落建筑，不是以单体而是以群体组合取胜。在村落建筑中我们感受到的美，首先是一种量的美，一种通过量的组合而给人以强烈印象的美。

　　然而，在福建省的西南山区，我们却能看到同现代体育馆和古罗马竞技场有相似造型的庞大单体建筑。如果真有天外来客重返地球寻找当年遗留在地球上的同类，那么这些环形土楼恐怕是最容易引起误会的地球建筑了。

　　事实上，这些巨大的土楼的确是一批跋涉千里举族迁徙到闽粤交界的山地定居下来的中原人修筑的。由于他们不是土生土长的当地人，所以被称为客家人。

　　这些举族迁徙的客家人在修筑新家园时，向中国传统村落建筑的一条重要规律进行了挑战，或者说把这条规律推到了极端。这条规律是：任何一幢单体建筑都不要显得太奇特，震撼人心的效果和对外人的威慑力，应主要取决于同一类型的单体建筑的量的群化。

　　在这里，我们再也看不到陕北窑洞、云南彝族的土掌房、重庆山城民居那样以量的群体组合达到的惊人效果。无论从远处看，还是走到跟前，土楼都是以庞大的单体震慑人心，其体量的巨大，创下了中国传统村落建筑之最。如诏安县的在田楼，经实测该楼外径达 86 米，外层墙厚达 2.4 米，是至今发现的世界上直径最大、墙体最厚的圆形生土楼。如此的庞然大物，还有永定的承启楼、平和的丰作厥宁楼、诏安的龙潭楼等等。

　　承启楼是比较典型的圆楼，共有三层环形房屋相套，房间达 300 余间。外环房高四层，底层做厨房及杂间用，二层储藏粮食，三、四层住人。内两环房只有一层，三环房屋的中央建堂，供族人议事、婚丧典礼及其他活动之用。外墙是夯土承重墙，内部是木构架，房间的隔墙与外墙垂直相交。出于防卫的需要，外墙下部不开窗，上部即使开窗也很小，故外观坚实、雄伟、封闭，完全是一座堡垒。

　　在田楼由内、外两环组成。内环前方后圆，外环是一个很规整的圆，按八卦布局，每卦有房 8 间，一层 64 间，三层共 192 间。设东、西两门出入。据住家介绍，在田楼已有三四百年历史，是客家民居中罕见的瑰宝。

　　当然，福建生土楼不只有圆楼一种。若从建筑造型看，还有五凤楼、四方楼、长方楼、交椅楼、三合楼、五角楼、八角楼、雨伞楼、椭圆楼、八卦楼和半月楼等多种模式。但是，给人印象最深的还是圆楼。在闽粤交界处的一万多平方千米的范围内，聚集了那么多形态奇特的圆楼群，的确显得有些神秘，让人想入非非。

　　建筑史学家认为，明中叶倭寇的入侵，是闽西南特别是漳州圆楼大规模兴建的重要契机。当时的漳州人凡筑有土堡者，倭寇过其地竟不敢仰攻；而凡是没有筑土堡的村寨，都望风委弃。所以明中叶至明末，漳州沿海地区土筑的城、围、楼、堡就多了起来。

　　还有一种看法认为，圆楼是客家人为对抗先于他们来到此地的"福佬人"，出于防卫的目的而兴建的。

　　明亡以后，郑成功和清军在漳州打了 30 多年的仗。兵荒马乱，一族之人为共同安全之计，纷纷修筑圆楼。这也促使了漳州内地山区圆楼的发展。而沿海 30 米至 50 米范围内的圆楼，统统于顺治十八年至康熙十七年间强行"迁界"时焚毁。因此，几乎在同一个时期，山区大建圆楼，而沿海却大拆圆楼。

　　圆楼越盖越多，还有一个不容忽视的重要原因，就是闽西南地区封建割据、聚族而居、民贫俗悍、械斗迭起。宗派互斗，常为区区小事酿成大祸。这样，具有良好的防卫功能的圆楼也就成为当地居民聚族而居的理想建筑形式。

　　因此，不管是出于何种历史的或社会的原因，闽西南圆楼之兴，都同防卫有关。

在中国传统村落建筑发展史上，明末清初是一个很特别的时期，这个时期民间商人通过经商发了大财的，纷纷回故里大兴土木。安徽徽州的商人主要通过贩盐发了财，于是回徽州盖了那么多青瓦粉墙、流水穿户的宅院。山西祁县的商人则靠开票号和做茶叶生意发了财，也在黄土高原盖起了壁垒森严像城堡似的大院。闽西南的商人则靠大量种植烟草发财，发了财后就大量修建圆楼。这些商人修建的圆楼中，有些还带了点西方建筑的风格。

毫无疑问，从防御的角度看，圆楼优于方楼，因为从圆楼上瞭望和射击，没有死角；从文化的角度看，客家人聚族而居选择圆楼，是非常有利于族人形成同心同德共御外侮的家族归属感的。一幢圆楼好比一座孤岛，这座孤岛就是一个独立的小社会，同一个祖先，血脉相系，共存共荣，共亡共辱。

在一座大楼里按单元分配一居室、两居室或三居室的住房，这是城里人最近几十年才有的事。可在闽西南的客家土楼里，几百年前就这么住了。在土楼，有一卧一厨的单开间，有两卧一厨小天井的双开间，还有三卧一厨一杂房大天井的三开间。这种类似于今日单元式的住宅，各家各户都有独立的出入口、天井和楼梯，单独成套，互不干扰。住户可以根据自家的经济能力、人口多寡和审美观来选择喜爱的户型，可以说这是解决大家族小家庭这一矛盾的最科学的平面布局形式。土楼对外是一个整体，一个完整的封闭的建筑，一个家族坚强统一的象征；对内则是具有良好私密性的一个个小家庭单元。这个单元甚至拥有独立的天井，住户常在天井中设置盆景和假山，小小的天井表达了封闭土楼中居民向往大自然的心情，这是外人从土楼的外观看绝对想象不到的。

如果说单元式圆楼充分照顾到了小家庭，以不同开间的单元承认了家庭之间的贫富，那么，内通廊式圆楼则体现出原始共产公社的遗风：全楼空间布局位序规整严格；主要构件的尺寸统一大小；分配开间不分富贵贫贱，不讲男尊女卑，高度平等；内院的弹性空间是公共享有的；层层均有走廊作为公共通道；设公用楼梯上下，开放性比单元式强，对家庭私密性较少考虑。

客家土楼几乎所有的建筑材料都是"土"的。黄土材料到处都有，取之不竭，而且造价低廉，施工方便。基础、勒角所用的块石同样取之于当地。在墙体施工中，把竹筋、松枝放入生土墙，替代钢筋，起到整体拉结和抗震作用。沿海一带盛产的蚝壳，烧成石灰抹在墙上，对于抵抗海风中的盐分对墙体的腐蚀作用效果良好。木材取之于本地山区，表面不施油漆，保持原有木质、纹路，显得朴实、庄重。极厚的生土墙体吸湿能力强，既可防潮隔热，又可保温御寒，所以冬暖夏凉。

圆楼一般都枕山襟水，地镇高冈，楼前无障碍物，以开阔视野，迎风采光。及至聚落形成，生齿日繁，圆楼内人满为患。为添新居，便在主楼之外盖环绕的楼外楼，当地人叫"楼包"。楼包必须比主楼略低。盖楼包时因土地限制，只好因地制宜，有三角地便盖三角楼，有四方地便盖四方楼，有八角地便盖八角楼，这就是土楼世界之所以有不同土楼模式的原因。聚落组合最奇最美者，当推福建南靖县书洋乡田螺坑村的"五朵金花"，"五朵金花"由一幢居中的方楼和环绕的一幢椭圆楼与三幢圆楼构成，高低错落，方圆有致，屹立于青山绿水间，气度超群。古老斑驳的黄泥墙，映衬着一脊两坡的滚圆黑色屋顶，凝重、古朴、大方，确实是中外建筑的奇观。

封闭的外环墙分出了一个外人的世界和一个自己的世界。外人的世界冷漠而凶险，自己的世界温情而和睦。

圆楼所代表的圆满、团圆、平均、平等的观念一直是中国古代圣贤的理想。在中原，那种长方形的、递进式的院落建筑，过分地强调了尊卑有序、长幼有别的礼制规范。可以说,圆楼的设计者们是想在远离中原的边鄙之地,把古代圣贤的美好愿望落实在居住文化上,在充满敌意的世界中,建造一个个"均贫富,等贵贱"的理想家园,靠对外界的隔绝和对内的血缘联系来维持和延续这一个个小小的氏族乌托邦。圆楼极强的安全感,能够适应先民在兵荒马乱的年代求稳怕乱的心理;和平时期,也因圆形平面容易平等均匀地开间,能够较为公平地解决住房面积的分配;加上公共空间和私密空间的关系较为得体,彼此相济;同时又节省土地、省工省料、冬暖夏凉、防风抗震,诸多优点均胜过四合院和单体楼,所以成为最符合圣贤理想的人类建筑。至亲骨肉,叔伯兄弟,聚族而居,欢聚一楼,天伦之乐,血浓于水。

可惜这些不怕战争不怕血、不怕台风不怕震的圆楼社会,其居民也并不能好梦长圆。子孙繁衍,常常打破昔日的平衡,出现贫富不均、人多嘴杂的现象,封闭性越高,摩擦力越大;没有战争的和平时期一长,内部矛盾就上升;如果加上楼规民约不完善,实施监督又不力,就会屡生弊端,积重难返,最后离心力增大,楼民纷纷搬出楼外,圆楼也就走向衰落。

在闽粤交界处的一万多平方千米的范围内，聚集了那么多形态奇特的圆楼群，的确显得有些神秘，让人想入非非。

　　在中国民居发展史上，明末清初是一个很特别的时期，这个时期民间商人通过经商发了大财的，纷纷回故里大兴土木。

　　闽西南的商人则靠大量种植烟草发财，发了财后就大量修建圆楼。这些商人修建的圆楼中，有些还带了点西方建筑的风格。

从文化的角度看，客家人聚族而居选择圆楼，是非常有利于族人形成同心同德共御外侮的家族归属感的。一幢圆楼好比一座孤岛，这座孤岛就是一个独立的小社会。

圆楼所代表的圆满、团圆、平均、平等的观念一直是中国古代圣贤的理想。

圆楼的设计者们是想在远离中原的边鄙之地，把古代圣贤的美好愿望落实在居住文化上，在充满敌意的世界中，建造一个个"均贫富，等贵贱"的理想家园，靠对外界的隔绝和对内的血缘联系来维持和延续这一个个小小的氏族乌托邦。

福建华安沙建双层圆楼
Two-storied round Building in Shajian, Hua-an, Fujian

圆楼屹立于青山绿水间，气度超群。古老斑驳的黄泥墙，映衬着一脊两坡的滚圆黑色屋顶，凝重、古朴、大方，确实是中外建筑的奇观。

土楼一般都枕山襟水，地镇高冈，楼前无障碍物，以开阔视野，迎风采光。

圆楼节省土地、省工省料、冬暖夏凉、防风抗震，诸多优点均胜过四合院和单体楼，所以成为最符合圣贤理想的人类建筑。

福建漳州 "一颗印"
A Seal-shaped Building in Zhangzhou, Fujian

福建南靖书洋方土楼
Square Earth Building in Shuyang, Nanjing, Fujian

福建惠安女

山鬼故家

湘西

　　"神州莽莽，幻境纷陈；众峰芸芸，梦魂颠倒。芙蓉国武陵源者，幽居湘西，盘礴四省。
蓋三千余峰，方七百余里，乃造物主自家之盆景也。机用绝思议之表，巧构极鬼神之功。
倘非大化流衍，沧海桑田，孰能夺造物之权柄，而现此三昧清凉之幻境？其不可得而名，
不可言而状，不可思而议者，方志莫记，士人无名，所谓'九州以外，圣人听其自然'。"

　　这是《武陵源记》中写的一段话。其实"幽居湘西"的，又岂止是张家界、天子山和
索溪峪的砂岩峰林！湘西的风土建筑也是"养在深闺人未识"。

　　中国的传统建筑可以划分为三个体系。第一体系当然是皇家建筑，唯我独尊，至高无上，
豪华显贵。第二体系是士大夫（包括儒商）建筑，淡泊，幽雅，韵致。这两个体系的建筑观念，
体现着封建伦理和礼教秩序。而作为原始建筑的继承和发展的风土建筑，则可以看作是第
三建筑体系，人们不仅可以看到纯粹的传统形态，还可以在它的深处找到人类生活的原点。
它土生土长，乡土气十足，既不像皇家建筑那样雄伟庄严，也不像士大夫建筑那样程式化，
它植根于乡土文化的沃土，蕴藏着原始的、温暖的、单纯的人性，处处洋溢着大自然的盎
然生机，反映出人类对待自然的谦恭态度。它依山傍水，就地随势，灵活变化，不拘一格，
人工环境与自然环境浑然天成。尤其在那些依然承袭着土俗、保留着古风的边陲鄙野之地，
那些边城古寨，由于人文乡土的润色，往往散发出山野的原始情调和苍莽气息。

　　湘西传统村落建筑就是这样的风土建筑。

　　湘西地处中国地势的第二阶梯，西部与云贵高原毗连，北部与鄂西山地交颈，东南以
雪峰山为屏障，武陵山脉蜿蜒境内。生活在这里的少数民族是土家族和苗族。

　　随着沈从文的小说像不死鸟一般在文坛复生，随着张家界的峰林震惊世界，湘西撩开
她的面纱而艳惊天下。这山鬼的故家风光诡谲神奇，民俗亦保留着浓厚的"巫鬼文化"的
遗风。土家人至今仍跳一种稻草裹身、相率而舞的原始舞蹈"毛古斯"。巫鬼文化对自然
界的山川草木有一种神秘的敬畏和依恋。人类在自然中生活，就像幽兰在山谷中生长，生
于自然，隐于自然，归于自然。土家人和苗人的生活，总的来说，依然是顺乎自然的生活。
他们的村镇，他们的建筑，同湘西的莽山野水融合得那么密切，难分彼此，以至于人们用生、
犷、真、朴四字来概括湘西传统村落建筑之美。

　　湘西土家村镇完全是从自然中生长出来的，一幢幢建筑之间彼此的关系不是必然的，
而是偶然成为这样的。这种布局上的"偶成"状态是理解湘西传统村落的关键。与受儒家
文化影响甚深的皖南传统村落相比，湘西传统村落是建筑单体在一种非严格的秩序支配下
扩展而成的，并没有体现出对自然的理性驾驭，而是相当地自由和随意。这种建筑群落布
局对自然的顺从，除了文化的背景外，环境也起了决定性作用。湘西地处山区，山多水多，
地形复杂多变，必须因地制宜灵活布置村镇的整体。这样既可满足居住功能的要求，又能
随心所欲地创造生动丰富的村镇景观。

　　因为没有理性的驾驭，所以湘西的村镇没有明显的图形以及象征含义。湘西村镇的演
进是先有屋后有道，是自然生成，而非理性布局和规划。因此，屋与屋之间的关系连接并
不紧密，连接部也显得漫不经意，许多情况是一户借用另一户的山墙再建房，或者相隔
很大距离。这种屋与屋之间连接的随意性说明了湘西人对室外公共空间不敏感，这种不敏
感又恰恰反映出当地社会关系的纯朴性。

　　由于顺应山水的自然形势，湘西村镇以线型布局和散点型布局为多。线型布局的村落
走向与河水走向关系密切，如吉首峒河村，顺着山的南面沿平行等高线布置，沿着河流长
长地展开，就像中国山水画中的长卷，获得良好的画卷景观。永顺王村也是这样。王村在
猛洞河的入口处，因曾作为电影《芙蓉镇》的外景地而被人知晓。在地形更为复杂的山地

地段中，传统村落建筑散布于适宜地带，建筑隐于山林，山体仍保持其原有的自然风貌，如矮寨村。散点布置的村落一般较小，因而同周围环境达到了最大程度的融合。

湘西的村镇，由于其建筑的方式是先屋后道，因此巷道宽窄也总是表达着一种随意性。湘西的巷道往往不形成环状，而较多地通向一个确定的目的地，如寨场、水井、山上的耕地等等。因此，巷道系统既不复杂，方向感也单一明确。由于村镇依山而建，街巷多半不是平直的，方向通过梯度和坡度的变化来表达，曲折起伏，穿透的距离都很短。

湘西苗寨的入口通常是寨子的中心所在。这里往往有精心挖掘的水池，它是村民敬畏的"神龙"的潜宫。水池边往往可见高大的枫树，它是全寨的保护神。

湘西传统村落建筑的基本构成单位不是院，而是单幢的"老虎口"民居。在这里，少有中原所有的供大家族聚居的递进式院落。子嗣成年立家，只在长辈屋旁另造一幢"老虎口"。一幢"老虎口"再接一幢"老虎口"，湘西的村镇就这样自然而然地生长出来了——这种分蘖式的扩张方式或许是湘西村镇保留其自然形态的社会学原因。

湘西传统村落建筑的野趣不仅体现在村落布局上，体现在空间关系的随意组合上，也体现在结构的直率碰接上。尤其野得粗犷的是，它的材料竟也以其原生的质地赤裸裸地暴露于结构之外。

这里的民居，大部分为木结构、瓦顶，有的还用重檐。房屋一般都比较高大。横向结构承重，纵向架设檩条，两坡水屋面。不论砖墙或木板外墙，屋顶总是做成悬山式。

令人向往的是，这里的传统村落建筑变化极多。值得注意的是被广泛采用的有顶无墙的出檐和檐下的柱廊所构造的半露半掩的过亭。这种结构和设置可谓"尽善尽美"。所谓"尽善"，是指其功能。湘西夏日的飘雨十分猛烈，飘雨过后，毒毒的骄阳让人生畏。设置这么一个有顶无墙的大出檐，檐下设置柱廊和过亭，既可阻挡飘雨对墙根和室内的侵袭，又可把炎炎的日头拒之户外；既使主人居家惬意，也给过往行人和邻里串门提供避雨遮阳的方便。所谓"尽美"，是指其外观。大出檐加上半露天空的柱廊和过亭，使湘西传统村落建筑的外观变化多端，而且透着一股醇和的浪漫气息。外露的木柱身与柱间的白粉墙或烟色的木板墙配合默契，色彩搭配犹如绘画高手所为，比抽象绘画更天真、更坦率、更简朴，也更迷人。

当然，最迷人的湘西风土建筑要数吊脚楼。吊脚楼也是干栏式建筑，但并不像典型的干栏式建筑一样将生活层完全架离地面，而是将生活层中很重要的一半如火塘、厨房和储藏间安置于夯土面，只将卧室安置于架高的木地板上，所以也叫"半边吊脚楼"。

半边吊脚楼的做法是在坡地上向后挖填土并夯实，将房子部分搭建于夯土整平后的平台上，部分以木架撑高悬挑于坡地之上。

半边吊脚楼，正好利用了山区和河岸陡坎陡坡的复杂地形，最大限度地争取到使用空间，创造出柱脚下吊、廊台上挑、屋宇重叠、因险凭高的建筑形式。这是在特殊的地形条件下，利用山区多木材的优势所能想出的最适应环境的、最经济合理的居住方式。

漫步于湘西凤凰县城沱江镇的石板路上，顺着曲折蜿蜒的窄窄的街巷，在烟褐色木板铺面的夹峙中走出城门，但见沱江如练，倒映着岸边吊脚楼的身影。妇女们在河边浣衣，河谷里回荡着清脆的捣衣声。置身于这样的景色之中，就会想起沈从文的小说《边城》。这里的河水，这里的青山，这里的吊脚楼，还有这里清凉如水的石板路，总给人一种透骨的凄楚之美，老是惹人想把一个凄婉的爱情故事附丽给她。美得让人心悸的湘西，难道不就是屈原笔下的山鬼吗？那一排排临水而立、顾影自怜的吊脚楼，或许就是山鬼的花轿？

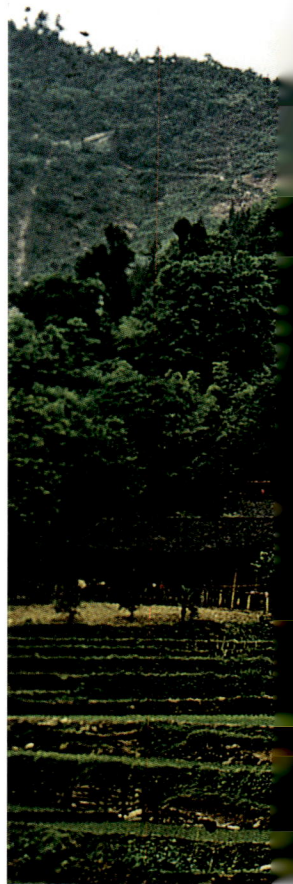

湘西地处中国地势的第二阶梯，西部与云南高原毗连，北部与鄂西山地交颈，东南以雪峰山为屏障，武陵山脉蜿蜒境内。生活在这里的少数民族是土家族和苗族。

湘西的边城古寨，由于人文乡土的润色，往往散发出山野的原始情调和苍茫气息。

同样，湘西传统村落也是建筑单体在一种非严格的秩序支配下扩展而成的，并没有体现出对自然的理性驾驭，而是相当地自由和随意。

湘西利必洞寨
The Libidong Zhai Village in West Hunan

土家人和苗人的建筑，同湘西的莽山野水融合得那么密切，难分
彼此，以至于人们用生、犷、真、朴四字来概括湘西传统村落建筑之美。

　　半边吊脚楼是在特殊的地形条件下，利用山区多木材的优势所能想出的最适应环境的、最经济合理的居住方式。

　　湘西地处山区，山多水多，地形复杂多变，必须因地制宜灵活布置村镇的整体。这样既可满足居住功能的要求，又能随心所欲地创造生动丰富的村镇景观

湘西荣洞城门
The City Gate of Rongdong in West Hunan

王村在猛洞河的入口处，线型布局的村落走向与河水
走向关系密切，沿着河流长长地展开，就像中国山水画中的
长卷，获得良好的画卷景观。

湘西王村
The Wang Village in West Hunan

湘西传统村落建筑的野趣不仅体现在村落布局上，体现在空间关系的随意组合上，也体现在结构的直率碰接上。尤其野得粗犷的是，它的材料竟也以其原生的质地赤裸裸地暴露于结构之外。

外露的木柱身与柱间的白粉墙或烟色的木板墙配合默契，色彩搭配犹如绘画高手所为，比抽象绘画更天真、更坦率、更简朴，也更迷人。

由于村镇依山而建，街巷
多半不是平直的，方向通过梯
度和坡度的变化来表达，曲折
起伏，穿透的距离都很短。

　　漫步于湘西凤凰县城沱江镇的石板路上，顺着曲折蜿蜒的窄窄的街巷，在烟褐色木板铺面的夹峙中走出城门，但见沱江如练，倒映着岸边吊脚楼的身影。妇女们在河边浣衣，河谷里回荡着清脆的捣衣声。

黔山居

贵州

在云贵高原的东部，黔东、桂北、湘西交界的大山之中，2000 多年来，一直有一个神话般的国度，同高山、深谷、瘴气一起，存在于人们的想象之中。自从司马迁写完《史记》后，"夜郎自大"的传说也就成为中原人对那个神秘国度的第一印象。

古夜郎国是古代少数民族建立的一个政权，在战国中期就已发展成南部首屈一指的大国，与楚国相邻。历代史书总是以桀骜不驯、自高自大、目空一切的蛮夷之邦来形容居住在此的少数民族。这当然是"华夷之辨"的文化偏见。

事实上，生活在西南群山之中的少数民族，是古代百越民族的后裔。百越民族的先民，创造了长江中下游灿烂的"稻作文化"，它与黄河流域的"粟作文化"共同创造了我国的农业文明。在那一次惊天动地的"涿鹿之战"中，代表稻作文化的九黎部族联盟败给了代表粟作文化的华夏部族联盟，这一历史性的失败，迫使百越民族的先人从富饶的长江中下游向西南高原的高山深谷迁徙，带着他们种植稻谷的经验，带着他们严密的社会组织，带着他们的英雄传说，也带着他们的干栏式建筑。

干栏式建筑也许并不仅仅是一种房屋样式，伴随它的是一种同中原合院式建筑很不一样的生活习性。

生活在贵州东部、湖南西部山区的少数民族，就居住在这种干栏式建筑里。那么，就让我们走村串寨，逐一去拜访这些勇敢的迁徙者，从居住文化的角度，也许还能获得某些文化密码的译解。

在打邦河上游，有一座以蜡染闻名的石头寨。自远处遥望，整个村寨位于一片广阔平原中的一座山头上，俨然就是一座石头垒筑的大城堡。寨门清楚地标志出空间界限，房屋依山势而筑，使得寨内的巷道变化丰富。这不仅仅增加了巷道的趣味，更重要的是一旦强敌攻破寨门，曲折迷离的寨内巷道有利于进行巷战。在山顶上，有一座石头堡垒，那是村寨的最后防线。这就是布依族的村寨。

非常有趣的是，布依族人并不认为自己是"贵州南部的少数民族"，他们也不承认自己的祖先就是古代百越中的一支，是著名的夜郎国的主人，他们非常乐意说自己的祖先来自江西和湖广。

在贵州安顺的石头寨，有一处祖母坟。墓碑上记载其祖先来自江西省吉安府太和县豆腐街，随伍定国将军南征。伍定国的三子伍完证南征后定居于此。所以石头寨的布依族人都认为其祖先来自江西而且是大名鼎鼎的明朝开国元勋伍定国将军的后代。

尽管这些传说把布依族人的族源弄得扑朔迷离，但仍然改变不了"布依族是贵州高原上的少数民族"这一事实。这些传说只能说明，在布依族的历史演进中，可能有少数汉族部队南征后在这里定居下来，由于人数较少而同化于布依族之内，但却凭借其优势文化留下了关于族源的新传说。

然而汉文化对于布依族的影响绝不止于创造了一个族源传说。就拿村落建筑来说，布依族的先民就像西南各少数民族一样，居住在干栏式房屋中，他们多半选择在溪旁坝子边居住，房屋依山而筑，层叠而上。但是现在的布依族人已不住在干栏之上，房屋也从全部木结构改为石木结构并以石材为主。这种变化，一方面是由于生态环境恶化，古代林木参天的景象已不复见，高大的杉木已难寻觅；另一方面，则是受汉族居住文化的影响。

人们都知道黄果树瀑布，却不知道黄果树瀑布只是打邦河的一处断层跌落，黄果树瀑布当然是打邦河引以为荣的儿子，然而，打邦河还养育了多个子孙。就在黄果树瀑布附近的打邦河河谷旁的山坡上，有一处典型的布依族村寨，名叫滑石哨寨。

这个寨名本身就带着浓烈的硝烟气味。同石头寨的布依族人一样，滑石哨寨人也认为其祖先来自江西，只是时间更晚，大约在清末太平天国时期，为避战祸而集体迁村于此。

滑石哨寨的村落建筑外观以石材为主要建筑材料。有一条现代公路从寨子上面的山坡通过，整个滑石哨寨就位于公路下方的山坡上。这在以前是不可思议的，也是布依族人绝不允许的。因为这样一来，整座寨子就无险可凭了，进攻者顺着公路可以居高临下控制全寨。

滑石哨寨的中心是一株高大的古榕，古榕下是广场，广场以石块铺筑地面，四周散布着石椅石凳。显而易见，这里是村民集会、交易的场所；平时，这里也是村民休憩和玩耍的一个空旷去处。在贵州，地无三尺平，村寨中能有这么一处广场，自然会成为村寨生活的中心。

从表面看，布依族生活在一个石头的世界之中，村中的道路是石头台阶，广场是石块铺地，房屋是石头筑基、石块垒墙、石片做瓦，似乎他们自从盘古开天地，就同石头生活在一起。

其实，走进布依族人的石头房子内部，就会发现被石头包砌着的一个秘密。

以滑石哨寨村主任的房子为例：从结构系统上讲，房子的外圈是约半米厚的石墙，而内部却是 4 列 9 行 36 根木柱！也就是说，组成石头房子骨架的居然是木头，木头做骨骼，石头只是皮肉。

这说明了什么呢？

说明了一个文化演进和交融的秘密：说明了在石头外表下包裹着一个古老的干栏文化的内核；说明了布依族人的确是云贵高原最古老的居民之一；说明了布依族的文化在某一个时期的确融进了汉族文化，而且受到了后者的强烈影响。这种影响的直接后果就是布依族人的干栏式传统村落建筑演变成了如今这种石木构造的民居。这不仅是房屋外观和结构的变化，而且是生活习性的变化。

在干栏式传统村落建筑中，生活层是离开地面的。而在布依族的石木构造房屋中，生活层多半已像汉族民居一样降至地面。

生活层降至地面带来两个重大变化。我们知道，干栏式建筑都是单体建筑，一栋房屋内包括生活上所需的全部空间，起居室、厅堂、厨房、储藏室及畜舍等，全部集中于一栋建筑之内。而汉民族却把这些分散在不同单体建筑内，然后围绕一个庭院组成院落。在布依族村寨中，石造传统村落建筑虽然以一字形平面居多，但也有采用合院式的围封平面形态和 L 型、T 型平面的，这显然是生活层地面化后带来的房屋平面形态的变化。"人栖其上，牛羊犬猪畜其下"的干栏式生活形态也随之有所改变，有些布依族村落建筑就把牲畜从底层搬到旁室中去了，这就使人的居住空间比以前卫生清洁多了。

生活层降至地面带来的另一个明显变化是灶台开始逐渐取代火塘。我们知道，灶台与火塘代表两种不同的社会文化背景。火塘同灶台相比，是一种轻量级的伙食料理工具，它同小家庭结构的干栏式建筑是互为表里的。在干栏式建筑中，火塘是家庭真正的中心，扮演着维系家庭内聚力的角色。灶台这种体量较大的伙食料理工具，存在于以地面为生活层的合院式大家庭的汉族民居中，它不是家庭的中心，一般来说也充当不了维系家庭内聚力的角色。在布依族传统村落建筑中灶台取代火塘的趋势是不是表明布依族的汉化程度，并象征着布依族的生活习性正在发生根本变化呢？

这种"披着石头的干栏式建筑"提供了文化交融是强势文化如何影响弱势文化的一个标本。事实上，它还处在变化过程之中，从建筑学角度说，它远远够不上成熟。可以说它是匆匆披挂上阵的，盔甲既不得体，武器也不顺手。

比如说，贵州的气候多雨少晴，湿度高。干栏式建筑解决了通风和防潮两大居住难题，很能适应这里的特殊气候，而石造建筑的存在不能不令人怀疑它的适应性。由于较大的石材采集不易，所以这些布依族的石造房子门窗都开口很小，加上石头围封外墙，使它不论在通风或采光等方面都相当不理想。它的高湿度室内微气候，更是危及人和牲口的健康。另外，如此大量地采用石材，却又不按照结构力学的要求来使用它，不能不让人怀疑布依族石头建筑的原生性。在正常的石木混合构造中，石材都是用来垂直承重的，如石柱和承重的石墙；木材则主要是用来水平承重，如梁和枋。布依族的石木混合结构的房屋却正好与此原则相违背：石头墙根本不用来承重！房中也无石柱，却由木柱在支撑房屋的垂直重力。似乎布依族的匠人们，对石头这种材料的特性仍很陌生，对它的作用不很信任。他们所熟悉的，仍然是祖先从事干栏式建筑时积累的用木结构承重的经验和技术。他们感到亲切并给予信任的，仍然是祖先所熟悉的木材。

出了贵阳一直往东，在与湖南湘西通道相邻的地方，就是黎平县。出了黎平县城，顺着去广西的公路往南走 70 千米，一座像神话一样的村寨出现在眼前。

这就是黔东南的侗族大寨之一——肇兴寨。

肇兴寨位于低山峡谷之中。自远处眺望，五座高耸的鼓楼，矗立于绵绵密密或为悬山，或为歇山的侗族屋顶之上，它们分别标志着仁、义、礼、智、信五个氏族。它们告诉人们，这个大寨子是由五个族姓组合而成的氏族联盟，一条溪水穿寨而过，溪流上横卧五座造型奇特的风雨桥，把五个氏族连为一个整体。

自古侗族的族名有多种称谓。大概在明清之际才被称为"侗"。

侗族过着以氏族为集团、群聚而居的集体生活。严格地说，村与寨在侗族语中是两个概念。寨是区分内外社会并从事生产活动的基本单位，通常由同一族姓组成。外姓人入寨要经过"改众入姓"的仪式，方能成为该寨的成员。村则包含同一地域的数个寨，形成不同族姓组成的联盟组织，这个联盟组织在侗语中称为"款"。"款"就是法规条款的意思。"款"对内是一个民众自治团体，对外是一个带着联盟性质的军事组织。"小款"是小型的联盟组织，通常由三五个或数十个毗邻寨组成；若干个"小款"又组成"大款"，方圆可达百余里。无论是"大款"还是"小款"，都有固定的集会议事地点，称为"款坪"或"款场"。"款首"多由社会经验丰富、享有威信、熟悉法规的"乡老"充任，平时处理寨内事务，代表本寨商讨有关款内事宜和执行款约；外敌入侵时，则指挥款内成员抵抗。"大款首"由"小款首"协议推举产生，"小款首"由各寨长老推选，但都无特殊报酬。如此严密的社会组织方式，也就决定了侗族村寨必然是以聚族而居为特征的、结构紧凑的形态。这种结构形态十分有助于其社会共同体内部的机能运作与互助。一方面，它增强了其成员心理上的安全感和村寨对外抗争的实力；同时，在生产力发展水平低的情况下，它将有利于实现群体内部在生产、生活诸方面的协同关系，从而保证这个生活集团在严峻的自然环境中更好地生存和发展。

有人把侗族文化称为"鼓楼文化"不是没有道理的。

侗族逢村必有鼓楼，鼓楼不仅是部落联盟"合款"集会议事的场所，也是族姓和村寨的标志，还是公众休憩娱乐的场所。在侗族社会中，鼓楼集军事、政治、经济、文化、交往等多重功能于一体，作为一个民族文化共同体的有形表征，履行着旨在加强社会组织内部纵向的同族结合与横向的村寨结合的神圣使命。

鼓楼是因为在它的楼顶悬挂的长形细腰牛皮鼓而得名的。这只鼓被称为"款鼓"。过去，当村寨遇到土匪骚扰或火灾等紧急情况时，款首即登楼击鼓报警。

鼓楼一般都建筑在全寨中最重要的场所，由全体村民集资兴建。先建鼓楼后建村寨，由此可见鼓楼的神圣地位。据侗族老人说，鼓楼是侗寨的"遮荫树"，庇佑全寨平安。一个没了"遮荫树"的寨子，是不会兴旺发达的。

鼓楼为什么建成这种巨杉似的形状？这个问题一直没有人解释清楚过。海外有学者认为可能是有利于鼓声的共鸣。

其实，从侗族的宗教信仰上，我们也许能寻找到更合理的答案。

侗族普遍崇拜的女性祖先叫萨岁。萨岁崇拜是侗族社会流传至今的原始母权崇拜和祖先崇拜的一种遗风。在历史上，萨岁崇拜作为一种强有力的民族精神支柱，对强化侗族社会的民族认同心理和群体内聚力发挥了不可忽视的作用。遍布侗族地区的萨岁祭坛有多种形式，一种是建在鼓楼旁的小神屋；一种是将巨大的古杉尊为树王，视其为萨岁祖先寄居之所。这样，我们在萨岁崇拜—树王崇拜—鼓楼型制之间就找到了一种联系：被称为"遮荫树"保佑全寨平安的鼓楼就是萨岁寄居的树王的化身，这树王就是在侗族建筑中地位十分突出的杉树之王。它是侗族人的生命树，是侗族人同祖先对话的天梯。在这位充满力量和仁慈的女祖先的神灵呵护下，有同一血缘纽带的子孙们在鼓楼或聚会议事、排解纠纷，或同仇敌忾、共同御敌，或款待来宾、对歌择偶，或学歌绣花、闲论古今……这是多么伟大的民族向心力！难怪在几千年的迁移流徙中，无论走到哪里，只要择地定居，侗族人必定先建鼓楼后盖村寨。因为只有鼓楼才能把大家凝聚在一起，祖先的神灵与它同在。它既神圣、威严，又和蔼、慈祥，能给人以力量，又给人以温暖，它就是那位传说中的女性祖先。所以，鼓楼既像一棵巨大的高耸入云的杉树，又像一位穿着褶裙、戴着斗笠、足裹绑腿、腰系围腰、髻插银簪的侗族妇女。

鼓楼的类型以集塔、阁、亭于一体的密檐式为主导形式，层数悉为奇数，有九至十三层不等。侗族以奇数为阳数，寓意吉祥。

侗族有较完善的宗法组织"合款"，许多社交活动都是在家庭以外进行，这种外聚型的社交，促使侗寨建立起了庞大的公共建筑体系。除鼓楼外，还包括风雨桥、戏台、凉亭等等。

在侗族居住的山区，既能作为侗族的标志又能集侗族建筑艺术于一体的村寨公共建筑，除了鼓楼就是风雨桥了。

风雨桥在建筑史上被称为廊桥或楼桥，也被称为花桥，它是下为桥墩上为长廊的木桥。在我国的西南、西北和华东部分地区，现在还散存着一些风格各异的风雨桥。但以规模之宏大、风格之独特、变化之丰富而论，当首推侗族风雨桥。

侗族风雨桥巧妙地将桥、廊、亭结合在一起，以其严谨的结构形式及独特的建筑技术而闻名于世。风雨桥主要由屋顶、桥面、桥跨和桥墩四个部分组成。除桥墩由青石垒砌而成外，其余部分全为木结构。

桥的主要功能当然是为行人过河提供方便，但风雨桥在桥面加盖屋顶，形成亭和廊，不仅保护了木质桥体免受日晒雨淋，延长了桥的使用寿命，而且使它具有了更多的人情味和诗情画意。它给村民创造了一个轻松舒适的休憩交流空间，让人们在此或临风坐卧，或倚栏远眺，或细诉家常，或高谈阔论。坐在两侧的长凳上，听着流水潺潺，享受沁人心脾的荫凉，欣赏桥板上彩绘的民间传奇故事，看着沿溪水两岸蜿蜒而去的吊脚楼，这是一种怎样的享受！侗家人在并不宜人的自然环境中用最朴实的材料，给自己的生活营造了一个宜人的空间。地坪寨风雨桥就像一座花轿，三座桥楼骑坐在桥上，中座大两头小。中楼是官殿式五重檐四角尖顶，高约5米；两头的桥楼皆为三层重檐双斜面屋顶，高约3米。桥楼的翼角、楼与楼之间和桥亭屋脊上都塑有倒立的鳌鱼、二龙抢宝、双凤朝阳的泥塑。中楼的四根木柱上，绘有四条青龙，楼壁上有侗族生产生活内容的图画，天花板彩绘龙凤、白鹤、犀牛。造桥的侗族工匠运用杠杆力学原理，将大小柱枋、檩、凳、栏杆全部用杉木凿榫穿枋构成，不用一钉一铆。

风雨桥的建筑选址是十分讲究的，侗族村寨赋予风雨桥的作用包括四大功能：接龙脉、关财宝、便交通、美环境。地坪寨风雨桥的选址就充分满足了四大功能。地坪分为上寨、下寨和甘龙三个自然村寨，南江河弯曲穿过三寨之间，注入都柳江。风雨桥即立于三寨之间，横跨在南江河上，这样，它把山脉连起来，使三寨贯通一气，龙脉就接通了。风雨桥位于上下两寨的寨脚，像一道严实的栅栏，关住了出口，能使寨子的财气不外流。风雨桥给三寨村民提供了交通便利，无论河水涨落都不影响往来。风雨桥本身就是一件建筑艺术的杰作，是山水之间美丽的点缀。人们都说，侗寨不能没有鼓楼，更不能没有风雨桥啊！风雨桥还是侗族人民欢歌娱乐的场所。每年中秋，侗家村寨都要组织大小芦笙队，欢聚于风雨桥上进行歌咏比赛。

"饭养人身歌养心。"侗家善歌，侗族风情无不与歌联系在一起。走进侗乡，能听到各种各样的歌。常听到的有情歌、酒歌、祭歌、踩堂歌、拦路歌、送别歌，而琵琶歌和多声部侗族大歌尤为动听。举世无双的多声部无伴奏无指挥侗族大歌是一种高低音错落有致、浑然一体的侗族民间复式声乐。男声大歌如江水奔腾，女声大歌如行云流水。演唱时，多是每段先由领唱者唱一两句，而后众人随声合唱，节奏自由，缓急有序，高低音协调，和声完美。

侗族生存的地域山高谷深，地形崎岖，处于与外界相对隔绝的状态。

从江县高增寨以风雨桥作为寨门界定其居住地域并作为村寨出入口的标志。村之西北有高山耸立，东、南、北三面则有水环行。村寨中小路曲折蜿蜒，房屋依地势而建，布局自由紧凑，构成高低错落、鳞次栉比的村寨景观。沿溪流而建的房屋或以伸出的地梁悬挑于溪流之上，或立柱架空，形成通道，更突出了侗家吊脚木楼的风格。

侗家传统村落建筑形式以穿斗式吊脚楼为主。侗家传统村落建筑的生活层大都架高于地面，包含的空间大致上可分宽廊、堂屋、卧室、火塘四个类型。

由于侗族重视社交活动，因此村落建筑的布局都以一种对外开放的形式来安排，以加强建筑彼此间交流的功能。这样，侗族村落建筑的廊就比其他民族村落建筑的廊来得大，非常宽绰。一方面，很多室内工作可以在宽廊上进行，充分利用自然光照，如编织和绣花；另一方面，宽廊可以引导居民将睡眠以外的活动移至这个半室外的空间。不同家庭间的居民可以边工作，边休憩，边交流。

堂屋本来是干栏式建筑所没有的，在汉族民居中，堂屋是其灵魂所在，举凡信仰祭奉、仪式交流、外待宾客等等，都在这个空间里进行。但侗族的这些活动，都安排在鼓楼，堂屋的地位就相当暧昧模糊。因此可以推测，在干栏式建筑中引进堂屋，是侗族村落建筑受到汉族的影响所产生的一种现象。

卧室在侗族村落建筑中的地位不重要，但却严格遵循人均一室或一对夫妇一室的原则。这个原则，正是联合国所颁布的人类住房的文明原则。

火塘是侗族村落建筑的真正中心。它是祖宗之位，长者的空间，也是取暖、烧饭的地方，一个家庭议事、聚会、交流的场所。

侗族家庭大都是一夫一妻的父系小家庭。儿子成婚生育儿女之后，便与父母兄弟姐妹分居，另建立只有父母与儿女的两代小家庭。小家庭确立的标志就是增设一个火塘，可以从火塘的个数及其与卧室的组合情形，去判断存在于一栋木屋中的小家庭的数量。

因吊脚楼而享盛名的少数民族还有苗族，但苗族的吊脚楼却有自己显著的特点，那就是所谓的"半边吊脚楼"。它也是干栏式建筑，但并不像典型的干栏式建筑一样将生活层完全架离地面，而是将生活层中很重要的一半如火塘、厨房和储藏间安置于夯土面上，只将卧室安置于架高的木地板上。

半边吊脚楼的做法是在坡地上向后挖填土并夯实，将房子部分搭建于夯土整平后的平台上，部分以木架撑高悬挑于坡地之上。

苗族村落建筑之所以采用半边吊脚楼的做法，有人认为是其受汉化程度较侗族要深的缘故。这可能是一个原因，但更重要的原因是苗族村寨择居的地形所决定的。

大部分苗族村寨都是依山凭高、依山林择险而筑，吊脚楼都建在陡坡、岩坎、峭壁等复杂的地形上。这种居住习性并不表明苗族人喜欢凭险，而是其苦难的历史所造成的。

据史料记载，远在黄帝与蚩尤大战时，苗族便已形成一股强大的势力。正因为苗族势力强大，引起历代王朝对其不断的征讨，导致苗族人民自古便饱受因战乱而来的颠沛流离之苦。他们迁入的地区又多是荒山僻野，坡陡谷深，耕地稀少，自然条件十分恶劣，这就使他们不可能把可耕种之地拿来做房基。另一方面，由于历史上苗族受到的压迫很深，使得他们对外族有很强的戒备心和排外心理，所以他们选择村寨的地址时，也就"所在多深险"，人不堪所居，而苗家独居之。

半边吊脚楼，正好利用了山区陡坎陡坡的复杂地形，最大限度地争取到使用空间，创造出柱脚下吊、廊台上挑、屋宇重叠、因险凭高的建筑形式。这是苗族人所能想出的最适应环境的最经济合理的居住方式。

当然，也有附会的信仰上的原因。苗族人建房，有必须"粘触土气，接地脉神龙"的习俗，认为只有同土地相接的住房，才会人丁兴旺，子孙繁衍。

历史上，贵州少数民族中与汉族接触最早而且最频繁的，大概要算是苗族了。接触就意味着影响，影响虽然是双向的，但往往是弱势文化向强势文化的模仿和学习要多一些。这种情形也可以从苗族村落建筑中寻得蛛丝马迹。

比如，在汉族民居中处于中心地位的堂屋，同样也是苗族村落建筑平面布局的中心，负起联络屋内屋外的任务。这种平面布局已与汉族十分类似。另外，干栏式建筑的底层本来是豢养牲畜的，但现在已逐渐将畜舍移出屋外。还有，作为生活重心的火塘，在干栏式建筑中一般都离开崎岖不平的地面，而在苗族村落建筑中，火塘却安置在夯土的地面上。这些都说明，苗族居住生活形态的地面化远较侗族明显，而离干栏式传统村落建筑原有的生活习性已经相去甚远。

在苗族吊脚楼堂屋之前的廊道上，栏杆通常被做成一尺多高成45度角的斜靠。它有一个动人的名字：美人靠。堂屋有多宽，美人靠也就有多长。这个由美人靠和堂屋围定的空间，是苗家人平日主要的休憩和工作场所，是一个充满家庭温馨和天伦之乐的空间。坐在这里倚着美人靠远眺遐思，或与家人唠家常，或与邻里话桑麻，静中有动，温情脉脉。

朗德上寨是一个典型的苗族村寨，坐落在背阳坡上，四面群山环绕。村寨南部是巍峨幽深的"护村山"，山上古树参天。村寨西部是一壁高约150米的悬崖。村寨民居总体布局依山就势，疏密相间，形成自然生长的寨落形态。整个村寨顺山势而筑，幢幢民居融会于秀丽的山色之中。村寨设置三处寨门，表现出苗族人民强烈的空间领域感，以及对外界的警戒和防范意识。但只要是友好的客人，苗家人又会在寨门口摆起拦寨酒，唱起拦寨歌。这种迎宾礼仪，古老淳朴，显示出苗家人的厚道和热情。

村寨内部道路随地形弯曲延伸，道路路面用鹅卵石或者青石铺筑。沿着村道，可以走到寨内的中心——铜鼓坪。铜鼓坪的场地用青石块呈同心圆放射状铺筑，图案仿铜鼓鼓面，所以叫铜鼓坪；因为图案像光芒四射的太阳，又叫太阳坪。逢年过节铜鼓坪的中心就会竖起一根吊杆，吊上铜鼓，苗族男女老幼，随着敲击铜鼓的节奏吹起芦笙，在欢快热烈的旋律中，围绕铜鼓和太阳图案，手牵着手跳起粗犷奔放的舞蹈，把一年辛勤劳作的欢乐尽情尽兴地抒发个痛快。此情此景，不禁让人思接千载！在那远古的年代，此地的先人——炎帝神农氏的后代，太阳神的崇拜者们，也会在丰收的季节举行祭祀普照万物的太阳神的盛典。

布依族的先民就像西南各少数民族一样，居住在干栏式房屋中，他们多半选择在溪旁坝子边居住，房屋依山而筑，层叠而上。但是现在的布依族人已不住在干栏之上，房屋也从全部木结构改为石木结构并以石材为主。

布依族生活在一个石头的世界之中，村中的道路是石头台阶，广场是石块铺地，房屋是石头筑基、石块垒墙、石片做瓦，似乎他们自从盘古开天地，就同石头生活在一起。

以蜡染闻名的石头寨，自远处遥望，整个村寨位于一片广阔平原中的一座山头上，俨然就是一座石头垒筑的大城堡。

贵州关岭布依族滑石哨寨

The Huashishao Village of Buyi Nationality in Zhenning, Guizhou

　　滑石哨寨的房子，从结构系统上讲，房子的外圈是约半米厚的石墙，而内部却是4列9行36根木柱！也就是说，组成石头房子骨架的居然是木头，木头做骨骼，石头只是皮肉。

求財財到手

火塘是侗族民居的真正中心。它是祖宗之位，长者的空间，也是取暖、烧饭的地方，一个家庭议事、聚会、交流的场所。

"饭养人身歌养心"。侗族善歌，侗族风情无不与歌联系在一起。走进侗乡，能听到各种各样的歌。常听到的有情歌、酒歌、祭歌、踩堂歌、拦路歌、送别歌，而琵琶歌和多声部侗族大歌尤为动听。

从江县高增寨以风雨桥作为寨门界定其居住地域并作为村寨出入口的标志。村之西北有高山耸立，东、南、北三面则有水环行。村寨口小路曲折蜿蜒，房屋依地势而建，布局自由紧凑，构成高低错落、鳞次栉比的村寨景观。

侗家村落建筑形式以穿斗式吊脚楼为主。侗家村落建筑的生活层大都架高于地面，包含的空间大致上可分宽廊、堂屋、卧室、火塘四个类型。

侗族逢村必有鼓楼。
鼓楼不仅是部落联盟"合
款"集会议事的场所，也是
族姓和村寨的标志。

鼓楼一般都建筑在全
寨中最重要的场所，由全体
村民集资兴建。先建鼓楼后
建村寨，由此可见鼓楼的神
圣地位。

鼓楼的类型以集塔、
阁、亭于一体的密檐式为主
导形式，层数悉为奇数，有
九至十三层不等。侗族以奇
数为阳数，寓意吉祥。

贵州黎平侗族地坪寨

The Diping Zhai Village of Dong Nationality in Liping, Guizhou

风雨桥的建筑选址是十分讲究的，侗族村寨赋予风雨桥的作用包括四大功能：接龙脉、关财宝、便交通、美环境。地坪寨风雨桥的选址就充分满足了四大功能。

风雨桥本身就是一件建筑艺术的杰作，是山水之间美丽的点缀。风雨桥还是侗族人民欢歌娱乐的场所。

州黎平侗族地坪寨风雨桥

风雨桥在建筑史上被称为廊桥或楼桥，也被称为花桥，它是下为桥墩上为长廊的木桥。

侗族风雨桥巧妙地将桥、廊、亭结合在一起，以其严谨的结构形式及独特的建筑技术而闻名于世。风雨桥主要由屋顶、桥面、桥跨和桥墩四个部分组成。除桥墩由青石垒砌而成外，其余部分全为木结构。

苗族的吊脚楼有自己显著的特点，那就是所谓的"半边吊脚楼"。

半边吊脚楼，正好利用了山区陡坎陡坡的复杂地形，最大限度地争取到使用空间，创造出柱脚下吊、廊台上挑、屋宇重叠、因险凭高的建筑形式。这是苗族人所能想出的最适应环境的最经济合理的居住方式。

贵州凯里雷山苗族朗德上寨
The Upper Langde Zhai Village of Miao Nationality in Leishan, Kaili, Guizhou

朗德上寨是一个典型的苗族村寨，坐落在背阳坡上，四面群山环绕。村寨南部是巍峨幽深的"护村山"，山上古树参天。村寨西部是一壁高约150米的悬崖。村寨民居总体布局依山就势，疏密相间，形成自然生长的寨落形态。

贵州凯里雷山苗族朗德上寨
The Upper Langde Zhai Village of Miao Nationality in Leishan, Kaili, Guizhou

朗德上寨的中心——铜鼓坪，地面用青石块呈同心圆放射状铺筑，图案仿铜鼓鼓面，所以叫铜鼓坪；因为图案像光芒四射的太阳，又叫太阳坪。

在苗族吊脚楼堂屋之前的廊道上，栏杆通常被做成一尺多高成 45 度角的斜靠。它有一个动人的名字：美人靠。堂屋有多宽，美人靠也就有多长。这个由美人靠和堂屋固定的空间，是苗家人平日主要的休憩和工作场所，是一个充满家庭温馨和天伦之乐的空间。

逢年过节铜鼓坪的中心就会竖起一根吊杆，吊上铜鼓，苗族男女老幼，随着敲击铜鼓的节奏吹起芦笙，在欢快热烈的旋律中，围绕铜鼓和太阳图案，手牵着手跳起粗犷奔放的舞蹈，把一年辛勤劳作的欢乐尽情尽兴地抒发个痛快。

人生只合越州乐

浙江

浙江水乡传统村落建筑

日出而作，日落而息，耕田而食，凿井而饮，再加上桑麻而衣，结巢而居，中国上古社会一幅陶陶融融的生活图卷也就相当完美了。

自从人类的祖先从树上下来，学会用木头和泥土建造房屋后，几千年来，我们的居住方式从本质上说几乎没有什么变化。早在 7000 年前，浙江的先民河姆渡人就有了木结构干栏式建筑，他们也吃稻米。这一切同我们没有什么两样。同其他地区的传统村落建筑一样，浙江的传统村落建筑制式与风格既是从它依附的独特的地理和气候中派生出来的，又是居住于其中的人们的文化创造。

服饰是文明的产物，而建筑是文明的"服饰"。一个文明的民族和社会，总是会把它的精神凝结在它最坚固也最庞大的创造物——建筑之上的。

浙江传统村落建筑，就是一组成熟的农业文明所凝固的音乐。它的全部旋律都回响着一个正在逝去的田园之梦——美丽、温馨，不乏自然天籁的意趣，洋溢着世俗精神的知足、和美与亲切。然而，从大的格局到小的装饰，却又无不反映中国文化的宗法情感和礼乐气氛。

古人把选择一地居住建房称为"卜居"。有人说中国人并没有一种专门的宗教生活，然而在他们的世俗生活的许多方面，却又有着宗教的色彩。造房子要看风水，因为人们认为房子的地势、方位、高矮及同周围山水形胜的关系，都可能影响到未来房屋主人的吉凶祸福和家庭的兴衰。总而言之，卜居是一生中的大事，因而"不盖房，不买田，一生一世未做人"这句俗语，至今仍然流传在浙江农村。

盖房标志着人生的成功，这成功来之不易，需有主人数十年的辛苦劳动，以及在生活中的节衣缩食。一个中国农民一生中其实只有四件大事：红白喜事，盖房买田。由于现在田归公家所有，不能买卖，实际上只剩下三件事。而没有房子，红喜根本无从指望，所以盖房这件事就成了一个前提，一个人生终极目标——齐家的必要前提。

也许正是这种超越了简单生存的精神价值的追求，才使得盖房仪式格外隆重吧？不仅是主人，全村的人和全族的人都在这个隆重的气氛中感受到人生的不易和创业的神圣。

正如结婚要选个良辰吉日一样，造房子也得择个好日子。一求造房顺利，二求岁时平安，当然，能荫子荫孙，瓜瓞绵绵，后世出几个有脸有面的人物，那更是房主人笑脸下内心深处隐蔽着的宏愿了。

"万丈高楼平地起"，墙角是关键。房子立得稳，站得正，方向对，都得看墙角。所以，立墙的时刻，重要人物都要到场。风水先生手拿罗盘，表情严肃，目光专注，口中喃喃有词，使这一时刻蒙上一层神秘的色彩。

房子上梁的时辰是经过周密计算的，家中每个人的生辰八字都是这个时辰的参数。也许是因为把家中每个人的运气都托给了这根支撑一家基业的大梁吧？

浙江大部分地区的传统村落建筑都是木结构的，因此木结构的保护和防火就成了大问题。从造房子的那天起，人们就期望日后房屋坚固，免遭虫蛀、火烧。上梁时，主人在梁上挂只箩筐，筐中装只鸡，一来鸡吉同音，吉利；二来人们认为鸡能吃蜈蚣、白蚁，可保木结构牢固。

为了防火，浙江传统村落建筑普遍都用马头墙，以防火势蔓延；有的大型民居布置水塘，为消防提供方便；屋脊大量地运用象征主义手法，用鱼、草等水生动植物做装饰；梁枋被雕刻成翻卷的波浪，好像整座房子都被水覆盖。历次大火灾给人们留下深刻的印象，一点火星能败倒一户世代簪缨之家，一把火能毁灭半座城池。因此，砖木结构的建筑最恐怖的灾星就是号称"祝融君"的火。浙江传统村落建筑在所有醒目的部位和构件上都以水作为装饰主题，就是提醒居民时刻留心火的失慎。防火已成为生活的基本常识。那唱绍兴"莲花落"的，开场白中提醒人们的三件大事，第一件就是"当心着火"。

提起江南水乡，不由使人想起"户藏烟浦，家具画船"的绍兴。无论是杏花春雨，还是秋水落霞，她都一样的妩媚，不胜娇羞。

历史上绍兴曾经是古越国的国都会稽。遍如蛛网的江河湖荡，一直在诉说着大禹治水的动人故事。长长的古纤道静静地躺在河里，在落日的余晖下诉说着越州的历史沿革。

很早的时候，人们就懂得如何充分利用这一得天独厚的水网，赋予它交通、灌溉、生产、生活诸多功用，居民也就因势利导地趋向江河湖泊，在水岸近旁聚族而居，形成村庄、集镇和城市。绍兴古城，成为东方的"水的建筑文化"的杰出代表。

"小桥通巷水依依，落日闲闲到市西。柔橹一声舟自远，家家载得醉人归。""三步两桥接肆前，市头沽酒待尝鲜。渔舟唱晚归来近，水阁人家尽卷帘。"这两首诗，把水乡、桥乡也是醉乡的绍兴风物之美，写得那么玲珑澄澈，令人向往不已。

以前的人从钱塘江舟行入绍兴，一大早从西兴乘船，一路浮行在粉墙竹影、水巷小桥、远山如黛、岸柳依依的水墨淡彩中，不知不觉到了柯桥，已是晌午。船泊柯桥之下，吃了由村姑们挽着竹篮上船兜售的柯桥豆腐干后，乘兴从水城门驶入市内。点缀着古藤野花的水城门与斑驳的大善寺塔相依而成一幅古韵悠远的画卷，添上岸边花白色的酒坛在水中零乱的倒影和柔橹划水的声音，让人如坠梦中。

绍兴最有特色的当然莫过于桥了。形形色色的梁式桥与拱桥，若垂虹卧波，似玉带在腰，把绍兴古城分隔成千变万化的空间组合。

越人爱桥，不仅在于无桥不成村，无桥不成镇，无桥不成市，还在于桥头可望月，桥洞可纳凉，桥阑可乘风，桥堍可迎阳。因为无所不在的桥，水乡一日之晨昏，一年之四时，无不宜人，无不尽人雅兴！

绍兴又是文人荟萃之乡，民间有"绍兴出师爷"的说法。鲁迅、秋瑾、蔡元培都在这浓郁的文化氛围中度过了青少年时代。鲁迅的故居是个典型的绍兴大户人家，虽然已经衰落，但在我们今天的人看来，仍很气派。老式的桌、床、椅摆设井然有序。百草园仍是荒芜的景象。沿着小河来到三味书屋，屋前的石台阶就是码头，上了码头就是三味书屋的廊檐、黑色的廊柱、白色的粉墙，朴素明净。鲁迅先生小时候曾在此就读。天井里摆放着一方大青石，旁边有盆清水，小鲁迅在这里以清水当墨，以青石当纸，练过书法。

绍兴的村镇幽娴恬淡，适人乡居，确是耐人寻味、甘心终老之处。有诗曰："人生只合越州乐，哪得桥乡兼醉乡！"桥在村镇中起着联系的作用。东家到西家，南头往北头，都要经过桥。所谓"三步一登，五步一桥"，桥与桥相连，桥与桥相望，据说绍兴地区有桥近5000座！夹岸相隔人家，粉墙黛瓦，倒映水中。水上有轻快的脚划船，有平稳的乌篷船，门前屋后都是泊舟的地方。

绍兴人无论老人还是孩子，划船就像城里人骑自行车。老人戴了毡帽，口含旱烟管，悠闲地坐在小舟上，两脚有节奏地运动着。数声柔橹，宛同轻奏。舟行河中，必有市桥相迎，人经桥下，常于有意无意之中，望见古塔钟楼与夹岸水阁人家，次第照眼，移步换景。桥边酒楼临水，人语衣香。民间艺人正在河边骑楼摆开场子，唱起"莲花落"。南方炎热多雨，绍兴临河的房屋底层架空形成骑楼，沿河的人行道也都做成敞廊，热天遮阴，雨天避雨。一边是河道，一边是店铺。河道中，轻舟载酒；店铺里，酒瓮飘香。真个是"玉带垂虹看出水，酒旗招展舞斜阳"。

历史上绍兴曾经是古越国的国都会稽。遍如蛛网的江河湖荡，一直在诉说着大禹治水的动人故事。长长的古纤道静静地躺在河里，在落日的余晖下诉说着越州的历史沿革。

绍兴居民因势利导地趋向江河湖泊，在水岸近旁聚族而居，形成村庄、集镇和城市。绍兴古城，成为东方的"水的建筑文化"的杰出代表。

绍兴临河的房屋底层架空形成骑楼，沿河的人行道也都做成敞廊，热天遮阴，雨天避雨。一边是河道，一边是店铺。河道中，轻舟载酒；店铺里，酒瓮飘香。真个是"玉带垂虹看出水，酒旗招展舞斜阳"。

水乡绍兴

　　绍兴最有特色的当然莫过于桥了。形形色色的梁式桥与拱桥，若垂虹卧波，似玉带在腰，把绍兴古城分隔成千变万化的空间组合。

　　据说绍兴地区有桥近 5000 座！夹岸相隔人家，粉墙黛瓦，倒映水中。水上有轻快的脚划船，有平稳的乌篷船，门前屋后都是泊舟的地方。

　　绍兴人无论老人还是孩子，划船就像城里人骑自行车。老人戴了毡帽，口含旱烟管，悠闲地坐在小舟上，两脚有节奏地运动着。数声柔橹，宛同轻泰。

　　"小桥通巷水依依，落日闲闲到市西。柔橹一声舟自远，家家载得醉人归。" "三步两桥接肆前，市头沽酒待尝鲜。渔舟唱晚归来近，水阁人家尽卷帘。"这两首诗，把水乡，桥乡也是醉乡的绍兴风物之美，写得那么玲珑澄澈，令人向往不已。

绍兴鲁迅故居
Lu Xun's Former Residence in Shaoxing

　　鲁迅的故居是个典型的绍兴大户人家，虽然已经衰落，但在我们今天的人看来，仍很气派。老式的桌、床、椅摆设井然有序。百草园仍是荒芜的景象。

绍兴兰亭

The Lan Ting (Orchid Pavilion) in Shaoxing

绍兴嵊州黄村

The Huang Village in Shengzhou, Shaoxing

湖州小莲庄
The Xiaolianzhuang Village in Huzhou

浙江沿海传统村落建筑

海水借助风力掀起狂涛巨浪，敲打着沉睡的高山巨石，在礁岩上留下它们的斑斑痕迹。正是这海，造就了温岭石塘、箬山的渔村建筑。

在很久以前，一批从福建惠安来的移民带着他们的方言、风俗和文化登上了这半岛。逐渐地，他们熟悉了岛上的山山水水、一草一木，并在大自然中融入了感情和艺术创造力。大海的开阔、气势磅礴，塑造了渔民们开朗、热情、好客和大嗓门说话的豪爽性格。每当打鱼回来，男人们喜欢三五成群地喝酒、划拳。鱼汛丰收，他们就跳起自娱性很强的民间舞蹈——大奏鼓。

渔村民居以当地开采的石材垒外墙、铺地面，内部楼层木装修。格局是方正的三合院。为防台风，屋顶瓦片都压上了石块。

渔村民居的造型很特别。浑厚的大块面的石墙上只开着几个小窗，墙角线不是垂直而是倾斜，再加上四坡顶的炮楼，给人一种强烈的耸身向上却又稳如磐石的牢不可破的重力感和凝聚感，让人想起米开朗琪罗的雕塑。三角形平面的传统村落建筑更突出了石头的表现力，那么雄强，就像一个绷紧了全身肌肉挺立船头的老大。

从海上遥望，层层石墙、参差错落的屋面与岩石裸露的山体是那样有机地结合在一起，那建筑似乎是从岩石里生长出来的，好像一座永不沉没的古堡矗立海边。夕照之下，整个半岛又仿佛一块锻打成精钢的铁砧，伸入暗蓝的海水中淬火。当然，更多的时候，它让我们想起中国古代传说中的镇水巨兽，以它不可撼动的岿然身姿与稳重气度，镇得东海波浪无惊。

都说建筑是石头的史书，这儿却更是建筑中石头的博览会。石砌的墙体，石铺的地面，石瓦，石桌，石凳，连锅台都是石头砌的。正是这种独特的石文化建筑吸引了无数美术家，他们把石塘称作"中国的巴黎圣母院"，认为它是每个学美术、搞艺术的人的必到之处。

台州温岭石塘民居
Civilian Residences in Shitang, Wenling, Taizhou

　　海水借助风力掀起狂涛巨浪，敲打着沉睡的高山巨石，在礁岩上留下它们的斑斑痕迹。正是这海，造就了温岭石塘、箬山的渔村建筑。

　　渔村民居的造型很特别。浑厚的大块面的石墙上只开着几个小窗，墙角线不是垂直而是倾斜，再加上四坡顶的炮楼，给人一种强烈的笋身向上却又稳如磐石的牢不可破的重力感和凝聚感，让人想起米开朗琪罗的雕塑。三角形平面的传统村落建筑更突出了石头的表现力，那么雄强，就像一个绷紧了全身肌肉挺立船头的老大。

　　渔村民居以当地开采的石材垒外墙、铺墙面，内部楼层木装修。格局是方正的三合院。为防台风，屋顶瓦片都压上了石块。

从海上遥望，层层石墙、参差错落的屋面
与岩石裸露的山体是那样有机地结合在一起，
那建筑似乎是从岩石里生长出来的，好像一座
永不沉没的古堡矗立海边。

都说建筑是石头的史书，这儿却更是建筑
中石头的博览会。石砌的墙体，石铺的地面，
石瓦，石桌，石凳，连锅台都是石头砌的。有
人把石塘称作"中国的巴黎圣母院"。

台州温岭城关镇
The Chengguanzhen in Wenling, Taizhou

宁波象山民居
Civilian Residences in Xiangshan, Ningbo

宁波天一阁藏书楼
The Tianyige Library in Ningbo

宁波天一阁藏书楼
The Tianyige Library in Ningbo

宁波余姚民居
Civilian Residences in Yuyao, Ningbo

浙江中部传统村落建筑

浙江的村镇往往都是宗族聚居地，宗法观念、家族制度和强有力的血缘关系把同一宗族的人紧紧地胶合在一起，形成了强大的向心力和内聚力，对外则又排斥外族外姓。村镇的规划布局体现并强化了这种社会结构和关系。

东阳的卢宅镇是卢姓家族聚居地，据家谱记载已有 600 多年历史。在三面环水、南面临街的村镇中，以厅堂为中心的居住院落层层递进，形成了数条规整的中轴线。在现存的以肃雍堂为中心的轴线上，院落达九进之多，这恐怕是中国传统村落建筑之最了。

从总体布局来说，主座朝南、左右对称、强调中轴线是大型住宅平面构图的重要准则。"北屋为尊，两厢为次，倒座为宾，杂屋为附"规定了房屋内部的布局，体现了内外、主仆、上下、宾主有别的封建伦理道德和儒家以对称与平衡为和谐的审美理想。

在东阳有一套典型的十三间头民居，正面三间正厅，侧面两边各五间厢房，中间是走道。这个基本单元往纵深轴线发展就形成封闭的多进院落的深宅大户；再往横向轴线发展，连成一片，就形成宗族式的大型建筑群落。中国社会也正是这样构成的。建筑就像社会的框架，用物质的形式把家族成员的社会关系凝结为一张纲目分明的网，家族中的每个成员，都非常清楚自己在家族中的位置，因为房屋的位置已清楚地把他的位序标示出来了。

俯视这一大片灰色的屋面，一堵堵挺立的马头墙，就觉得好像在俯视一个维系了数千年的东方礼教国家的历史遗迹。它虽然没有紫禁城的帝居气象，却让我们更加深刻地感受到儒家的纲常伦理在中国社会整合中曾经起过的巨大作用。

每个宗族都有自己的祠堂。祠堂是祭祖先的地方，也是族人聚会之所，总是被族中长老用作宣传教化的场所。因此宗祠是这个宗族中最神圣的公共建筑，一般伴有戏台，与祠堂南北相对，所谓"北祠南台"。祠堂正中，供奉着宗族祖先的牌位和宗族里历代出的文武官员的牌位，还有皇帝赏赐的御画。祠堂对面是戏台，是村里最高级的文化设施，每逢过年过节供全族人看戏、商讨宗族的大事。有权有势的大户人家，还有自己单独设置的家庙。南浔小莲庄的刘氏家庙坐落在后院，精雕细刻的青砖大照壁和一对 8.5 米高的门楼式石牌坊，成为祭慰祖先的圣地，院中一对威武的石狮显示出主人的威风和权势。

然而，即使是在这种礼制精神影响下的传统村落建筑中，人们还是大量地引进自然的因素，村落与乡镇的建筑群都自然有机地与地形结合，或依山，或傍水，或向阳，它们集居在一起，好像植物群落一样与自然环境组成和谐统一的风景图画。在村落内部，水和绿树成为一种软化过于理性的秩序，从而增加生活情趣的手段。

例如东阳的紫薇山庄，对应于村中那条象征社会纲常的中轴线，在村前，绕村遍布池塘，营造出层楼跨水、水映蓝天、荷风四面的诗意气氛。一樟一槐两株擎天古树，翠盖如篷，嘉树清圆，不仅标志此地风水正盛，而且以大自然的自由流畅的线条，缓和了表明人类秩序的那些村舍布局的僵硬的直线。

自然总是在人类的理性用得太过的地方不声不响地、善意地弥补和纠正人类的过失。而我们的先人也总是能够主动地同自然达成妥协，天与人相感而相安。说到底，人离不开自然。

建筑是一种无声的语言。我们可以从浙江传统村落建筑中读出一个灵魂、一种精神，它是和平与知足的。这个灵魂不像哥特式建筑的尖顶那样直指苍天，而是环抱大地，亲吻自然，自得其乐。它不想摆脱尘世的生活去向往天国的极乐，它总是觉得这个世界还差强人意，与其让灵魂骚动不安，不如体面地安排好现世的一切。这个灵魂安详而且宁静，知书识礼，服从命定的秩序，很少逸出常轨，而且知道那些浪漫的幻想是不成熟的表现。它因为看透一切才更加热爱眼前存在的一切——山水、家庭、宗族和尊卑有序的社会。

浙江中部东阳、龙游一带的建筑，是可以当作工艺品来欣赏的。事实上，一座考究的建筑，从台基、柱础、柱、枋、梁、瓦口、墙头到屋脊，整个就是一件雕绘满眼的艺术品。

就种类而言，有木雕、石雕、砖雕、壁画、泥塑等。就部位而言，木雕施于构架、门窗、顶棚，石雕施于墙垛、门洞、门框、匾额、阶沿、明沟、柱础，砖雕施于入口门罩，泥塑施于院墙口，壁画施于院墙、马头墙垛。就具体技巧而言，木雕有深浅浮雕、圆雕、线雕、镶嵌等；石雕以深浅浮雕为主，也有圆雕件；砖雕以深浮浮雕、半圆雕为主，且大多是雕后入窑烧制；壁画以水墨为主，也有少数施淡彩；泥塑有浮塑、圆塑之别。就题材而言，有人物（戏曲、历史、神话）、山水、花鸟、鱼虫、走兽，还有古典诗词、朱子家训之类文字。

真正精彩的是东阳木雕。清水交活，不油漆，不上色，暴露着木材的自然质感和纹路，暴露着真实的刀法技巧，亲切平易，质朴随和。或栗、或褐、或灰的本色朴素沉稳，十分耐看，与清淡素雅的粉墙黛瓦相映衬，是儒家"布衣白屋"思想的外化，表达了"不要人夸颜色好，只留清气满乾坤"的精神气质。

东阳素有"百工之乡"的称号，人多地少。土地的缺乏，迫使大量的农民从农业劳动中走出来，成为工匠。加之东阳历代人才辈出，为了光宗耀祖，就要大兴土木，修建规模宏大的宅院，于是促使建筑活动兴盛，建筑技术达到了很高水平，出现了队伍十分庞大的专业木雕工匠。大约在北宋时出现的木雕，到明末清初进入了全盛时期。

东阳传统村落建筑敢于在一切地方都试图抓住并融合自然，模仿自然的不规则性。自然是没有直线的。直线代表着人的意志，一种以最小的代价和最直接的方式获取最大效益的功利意志。东阳木雕似乎有意与这样的功利意志相抗衡，这也是一种意志。当人类的文明累积烂熟到可以玩味自身的时候，这种审美意志就支配了功利意志。

经过雕镂后的天花板、梁架、柱子和门窗，都不再是那种看久了就令人生厌的刻板的直线。有趣的是，恰恰是经过这种极为雕琢的刻镂工艺，自然的不规则线条被引了一个完全人工的小天地。动植物的不规则外形弥补了直线单调的弊病。触目所及，我们好像住进了一个用动物、植物和神话故事与民间传说堆砌起来的艺术世界。这是一个象征主义的世界，那些不断重复的龙、狮、虎、鹿、鱼、燕、鹊、蝙蝠、松树、仙鹤以及与人间快乐相关的各路神仙，包容了一个民族世世代代的思索和梦想。这种思索和梦想是非常世俗化的，不关来世与天堂，一切都只是为了家庭生活的乐趣。田地、房宅、儿孙再加上点琴棋书画，这就是中国家庭在世俗生活中所敢于梦想的最大幸福，也是全部的幸福。除此之外，他们别无他求，知足常乐，宁静地微笑着走完人生之途。

中国人爱唱戏也爱看戏，明知戏有七分假，却总是特别入戏，而且永远看不厌。用戏曲情节来做建筑构件的装饰和壁画内容，在中国各地都很普遍，但龙游砖雕格外精彩。

龙游的砖雕上有大量精妙的有情节的戏曲片段，一块砖雕就是一出戏，有文戏也有武戏，嵌在门楼上，一出出连轴上演，就像大户人家正在唱堂会，而且永不谢幕。的确，人生就是一台你方唱罢我登台的大戏，社会是个大戏台，家庭又何尝不是个小戏台？中国人的历史感以及那种在出世入世之间维持微妙平衡、心热眼冷看尘寰的心态，是否就是一种看戏和演戏二重角色兼而得之的心态呢？戏里人生总是好事多磨，好人多难，但终归是善有善报，恶有恶报，有情人终成眷属，厄运尽头必定是大团圆。这样的戏刻在住宅中引人注目的部位，寓教于乐的用意是很清楚的，族中子弟从小耳濡目染，戏中的信条逐渐会内化为支撑他们人生的信念。

东阳卢宅

The Lus' Residence in Dongyang

　　东阳的卢宅镇是卢姓家族聚居地，据家谱记载已有 600 多年历史。在三面环水、南面临街的村镇中，以厅堂为中心的居住院落层层递进，形成了数条规整的中轴线。

东阳民居的建筑群都自然有机地与地形结合，或依山，或傍水，或向阳，它们集居在一起，好像植物群落一样与自然环境组成和谐统一的风景图画。在村落内部，水和绿树成为一种软化过于理性的秩序，从而增加生活情趣的手段。

俯视一大片灰色的屋面，一堵堵挺立的马头墙，就觉得好像在俯视一个维系了数千年的东方礼教国家的历史遗迹。它虽没有紫禁城的帝居气象，却让我们更加深刻地感受到儒家的纲常伦理在中国社会整合中曾经起过的巨大作用。

东阳紫薇山庄
The Ziwei Mountain Villa in Dongyang

　　东阳的紫薇山庄，对应于村中那条象征社会纲常的中轴线，在村前，绕村遍布池塘，营造出层楼跨水、水映蓝天、荷风四面的诗意气氛。一樟一槐两株擎天古树，翠盖如篷，嘉树清圆，不仅标志此地风水正盛，而且以大自然的自由流畅的线条，缓和了表明人类秩序的那些村舍布局的僵硬的直线。

　　东阳、义乌素有"百工之乡"的称号，人多地少。土地的缺乏，迫使大量的农民从农业劳动中走出来，成为工匠。加之东阳、义乌历代人才辈出，为了光宗耀祖，就要大兴土木，修建规模宏大的宅院，于是促使建筑活动兴盛，建筑技术达到了很高水平，出现了队伍十分庞大的专业木雕工匠。

　　东阳、义乌的木雕，清水交活，不油漆，不上色，暴露着木材的自然质感和纹路，暴露着真实的刀法技巧，亲切平易，质朴随和。或栗，或褐，或灰的本色朴素沉稳，十分耐看，与清淡素雅的粉墙黛瓦相映衬，是儒家"布衣白屋"思想的外化，表达了"不要人夸颜色好，只留清气满乾坤"的精神气质。

　　经过雕镂后的天花板、梁架、柱子和门窗，都不再是那种看久了就令人生厌的刻板的直线。有趣的是，恰恰是经过这种极为雕琢的刻镂工艺，自然的不规则线条被引入了一个完全人工的小天地。动植物的不规则外形弥补了直线单调的弊病。触目所及，我们好像住进了一个用动物、植物和神话故事与民间传说堆砌起来的艺术世界。这是一个象征主义的世界，那些不断重复的龙、狮、虎、鹿、鱼、燕、鹊、蝙蝠、松树、仙鹤以及与人间快乐相关的各路神仙，包容了一个民族世世代代的思索和梦想。

义乌民居建筑中的木格子窗

义乌怀鲁乡

龙游豚元村
The Tunyuan Village in Longyou

龙游高山顶村

The Gaoshanding Village in Longyou

龙游砖雕

用戏曲情节来做建筑构件的装饰和壁画内容，在中国各地都很普遍，但龙游砖雕格外精彩。

龙游的砖雕上有大量精妙的有情节的戏曲片段，一块砖雕就是一出戏，有文戏也有武戏，嵌在门楼上，一出出连轴上演，就像大户人家正在唱堂会，而且永不谢幕。

兰溪樟坞村

The Zhangwu Village in Lanxi

兰溪水亭乡民居
Civilian Residences in Shuitingxiang, Lanxi

无兴资灭

江山廿八都民居建筑中的彩画

江山廿八都民居建筑中的彩画

富阳龙门民居

Civilian Residences in Longmen, Fuyang

浙江山地传统村落建筑

英国著名学者李约瑟在《中国建筑的精神》一书中写道："再没有其他地方表现得像中国人那样热心于体现他们的伟大设想：'人不能离开自然。'"浙江传统村落建筑所体现的正是这一伟大设想。平静的河湖港汊孕育了绍兴桥舍相依的建筑风韵，海风与岩石铸就了温岭石头民居的铮铮铁骨。现在，让我们撑起竹筏，顺着美丽的楠溪江漂流而下，去看看另一种自然力量——山对传统村落建筑的影响吧。

楠溪江村寨建设鼎盛时正处于南宋时期。当时因宋室南渡，中原缙绅之家避乱来居，文人学士宦游而至者，喜其山川淑秀，不忍离去，于是温州、永嘉一带人齿日繁，经济日昌，文教日兴。当朝又鼓励耕读，而楠溪江肥饶的土地、幽雅的风光和通达的水路，正是耕读的理想之地。因而南宋时楠溪江文人学士辈出。楠溪江文化的兴盛不仅体现在相互连接、贯通千百年的文化脉络上，而且更直接地体现在村寨的规划布局、民居的楹联碑记，甚至是独特的文情含蓄的村名、景名上。文人学士在楠溪江隐居耕读，对两岸村寨的建设施加了许多有形和无形的影响，既能葆有其质朴的山野气息，又能恰到好处地将文人的趣味点化其中。

楠溪江的多数村落都形成一个完整的寨子，外貌既古朴又风雅。一般都由民居、宗祠、亭台、池榭、书院、寨墙、寨门等生活、文化和军事设施组成一个相对封闭而功能齐全的小社会。在大小楠溪江汇合处的坦上村，村寨居高临下，布局于山坡地上。用于抗洪御敌的寨墙用大卵石垒成，与村周围卵石铺砌的道路、卵石河床的溪流融为一体，不露雕琢的痕迹。寨墙上建有凉亭，亭下是作为主入口的券形门洞的寨门。寨墙向两旁伸展。村中的民居穿插在树丛之间，衬托着村寨后山大片浓郁的山林和峻峭峥嵘的山峦，组成一片活泼野趣、层次分明、远近皆美的立体山寨风光。

乐清的芙蓉村是以村后摩天接云的芙蓉岩命名的。村子有完整的规划，它以溪门为起点，以始建于南宋的芙蓉池和池中的芙蓉亭为中心，展开颇具规模的村寨布局。芙蓉池和村西的芙蓉三岩胜景融为一体，创造了一个"三岩倒映影，荷花映芙蓉"的艺术境界。芙蓉池兼有养殖、观赏和消防的功能。池中的芙蓉亭是村民们劳动之余纳凉休息、聚会对弈、拉琴唱戏、观荷赏月和进行商业活动的地道的多功能公共娱乐社交商业场所，因而也是村民们最爱去的地方和最爱护的公共建筑物。

永嘉苍坡村的规划是以阴阳五行为依据的。公元1178年（宋孝宗淳熙五年），村中长老决定通过一套人工规划来改变不利的风水条件。村西的笔架山形似火焰，西边在五行属庚辛金，火会越烧越烈；村北五行虽属壬癸水，而实地并无深潭厚泽，担当不了灭火的任务；东甲乙木，木添火料，火会延烧过来；南丙丁火，更会助长西边火焰山的威力。这样，村的四周有三个方向被火烧，居大不利，怎么办？第九世祖和国师李时日制订了一个以文房四宝来彻底改造风水的整体规划。首先在村子的东南方筑双池蓄水，压住东甲乙木和南丙丁火，使其不再"助纣为虐"；然后又在村的四周开渠引溪，以水克火。在此基础上，在村中正对笔架山修筑一条笔直的笔街，使笔架山彻底被定义为"笔架"而不再是"火焰"。笔街旁置一大块条石以象征"墨"，这样，东南的双池就成了"砚"，经过重新规划的方形的村落大地也就成了"纸"。于是纸、砚、笔、墨，文房四宝俱备，笔架山永无火焰之虞矣。苍坡村的规划，巧妙地运用建筑空间塑造方法和艺术表现手段，完成了符合风水迷信和表达文运昌盛这一相当苛求的文化使命。笔街贯穿村南，成为村落街巷的主线；溪渠、池塘不仅方便了人们的生活用水，而且为这里的空间环境的美化创造了条件；方形用地在平展的基地上使村落空间趋于完整，方便规划，也易于防卫。因此可以说，苍坡村的规划是以自然景物元素作为媒介，借助于人工要素，再附上五行、文运等文化观念以及由此观念激发的艺术想象，一个合宜的居住环境就这样创造出来了。村落内外的空间在先人的匠心独运之中完美地融为一体。

在苍坡村长长的卵石寨墙上有一道溪门，嵌有一座壮观的三门间两层檐的牌楼。寨墙的东端跃出一座立于高台之上的造型优美的"望兄亭"。从"望兄亭"向南遥望，可见一座"送弟阁"，两亭隔溪遥相呼应，情意绵绵。

南宋建炎二年（公元1128年），苍坡李氏第七世祖李秋山迁居方岙，与弟李嘉木情意深重，分家后经常互相探望。古时候此地林深树密，常有老虎出没，因此每当日夕探望者返家时，主人都要送对方至家门才返。但是问题又来了，送者在返程上不也一样有危险吗？于是兄弟俩商定，兄李秋山在方岙村口建一座"送弟阁"，弟李嘉木在苍坡村头建一座"望兄亭"。亭面南，阁向北，彼此遥相呼应。探望之后送者送至亭中，挂灯照探望者返家；探者到达自家亭中，挂灯示意送者；送者一见对面亭中灯亮，就知对方已经安全返回，于是放心收灯回村。古亭至今尚存，亭上有联记录了这段感人的历史传说："双亭隔水遥相望，两地同源本弟兄。"

宋代有一位宰相曾经夸口说："半部《论语》可以治天下。"在一个建立了完善的礼教秩序的社会，他的话或许是可以应验的，比如说天下的兄弟都能像李家兄弟一样友爱，那么起源于兄弟之争的许多民事纠纷和社会矛盾就没有了。治国先要齐家，齐家以孝悌为本，历代统治者都深谙此道。孝悌缘于血缘关系所产生的自然情感，但又并不止于自然，而是被一系列观念化的伦理设计为严谨的社会秩序，国家以君、家庭以父为中心，建立起一个均衡对称的架构。这个社会架构的最直观的体现物，就是簪缨士族的豪宅以及以此豪宅为中心扩展开来的宗族村落。

我们现在可以乘坐汽车，沿着山间公路，翻越一座座高山，去浙南的景宁了。这在以前是不可能的。正因为交通的障蔽，自称山客的畲族才在大山之中，不被打扰地繁衍为一个典型的山地民族，而且是浙江省唯一的少数民族。

同畲族较为原始的农耕一样，畲族的传统村落建筑保留了更多的与自然柔合一致的方面，似乎更多一些野趣。你看那依着山势，同梯田的水平等高线平行错落的人家宅第，掩映枕卧在林光岩翠之中。跟着一群畲族妇女，穿过随势高低曲折的小巷，我们看到了保留着原始风味的土木结构的畲族传统村落建筑。

山深多好木。这些房子的结构与装修，都是上好的木料，粗粗加工，不事雕琢与漆髹，以天然本色，不敷红粉，引逗起我们回归自然的冲动。那夯实的土坯墙，似乎同这原生状态的圆木天造地设地般配。人们完全有理由深信不疑，住在这样房屋里的主人，肯定朴质少文，憨厚笃实，而且古道热肠。只要外面那个世界不闯进来，他们永远不会离开大山去闯外面那个世界。他们靠自然的厚爱单纯地生活着，世世代代，年复一年。

山居宅门朝阳，宅北栽竹，既迎风又蔽荫。从山前远远望去，葱绿的翠竹和棕树穿插在黄色的土坯墙和灰色的屋面中，与村寨倚附的大山是何等和谐。如果说粉墙黛瓦的绍兴民居是淡淡妆、天然样的浣纱越女，那眼前的畲寨则可以说是粗服乱头、天真未琢的山中村姑了。江南的秀丽山水，衬托得江南民居无须浓妆艳抹，便已楚楚动人了。

在浙南山区，还有许多形象特别的廊桥。桥一般都架在顺山谷流淌的溪流上，并在桥上架起屋顶，盖上瓦片，供樵夫们休息、避雨。元代建造的景宁风雨廊桥，古朴大度，造型别致，让人临近时产生奇怪的感觉：在巍峨的大山之间，仅供山民和樵夫涉溪歇足之用的桥梁，为什么要建造得这样宏大和优美？除了这样的功利目的之外，风雨廊桥在畲族山民心目中还有什么意义？它只是一座桥吗？野莽之地，有此人间杰作，让人浮想联翩。

不论是北部平原还是南部山区，浙江的村寨前总有几株樟树、槐树。人们普遍认为，樟树、槐树是风水宝树，能给整个村寨带来好运，它是一地风水盛衰的显著标志，是村民的保护神，是祖先开拓基业的丰碑，也是历史云烟过往的见证。对漂泊他乡的游子，它就是梦魂萦绕的故园。这样的风水宝树是不由人不肃然起敬的。

在这片苍天赐予的风水宝地上。浙江人的祖先曾经创造了优雅而宁静的文明，建造过一个属于他们的福地。就其栖息的屋宇而言，有简括明净的绍兴民居，厚重敦实的石塘民居，玲珑剔透的东阳民居，朴质天然的畲族民居……形态多样而内涵丰富，顺应自然又巧夺天工，容纳了河湖、山地、海洋各种生态环境中不同的文化因子，保留了不同起源和流变的文化信息。今天，地球的表面已经刷新了面貌。在中国，世家大族的消失、人口的膨胀、工业文明的发达、现代化城市的崛起，使传统的"家"的概念瓦解了。值得留恋的一切，随着值得向往的一切的到来，都将像似水流年一样无情地消失。"小楼一夜听春雨，深巷明朝卖杏花"已成追忆，"更喜高楼明月夜，悠然把酒对西山"早成旧景。在我们为一切良辰美景已成残梦而奈何天时，我们倒是更应该想想，我们还能不能建设一个比我们的祖先曾经优游徜徉过的天地更加美好明净的新家园？家园对于每个人来说，永远只有一个。但愿我们有福气，生活得比祖辈更惬意，而不仅仅是更富有。

楠溪江流域民居
Civilian Residences of Nanxi River Valley

　　楠溪江的多数村落都形成一个完整的寨子，外貌既古朴又风雅。一般都由民居、宗祠、亭台、池榭、书院、寨墙、寨门等生活、文化和军事设施组成一个相对封闭而功能齐全的小社会。

楠溪江流域坦上村

The Tanshang Village in Nanxi River Valley

　　乐清的芙蓉村是以村后摩天接云的芙蓉岩命名的。村子有完整的规划，它以溪门为起点，以始建于南宋的芙蓉池和池中的芙蓉亭为中心，展开颇具规模的村寨布局。芙蓉池和村西的芙蓉三岩胜景融为一体，创造了一个"三岩倒映影，荷花映芙蓉"的艺术境界。

　　苍坡村的规划是以自然景物元素作为媒介，借助于人工要素，再附上五行、文运等文化观念以及由此观念激发的艺术想象，一个合宜的居住环境就这样创造出来了。村落内外的空间在先人的匠心独运之中完美地融为一体。

永嘉县岩头镇金林海裁缝

景宁畲乡民居

Civilian Residences in Shexiang, Jingning

同畲族较为原始的农耕一样，畲族的传统村落建筑保留了更多的与自然柔合一致的方面，似乎更多一些野趣。你看那依着山势，同梯田的水平等高线平行错落的人家宅第，掩映枕卧在林光岩翠之中。

在浙南山区，还有许多形象特别的廊桥。桥一般都架在顺山谷流淌的溪流上，并在桥上架起屋顶，盖上瓦片，供樵夫们休息、避雨。元代建造的景宁风雨廊桥，古朴大度，造型别致，让人临近时产生奇怪的感觉：在巍峨的大山之间，仅供山民和樵夫涉溪歇足之用的桥梁，为什么要建造得这样宏大和优美？除了这样的功利目的之外，风雨廊桥在畲族山民心中还有什么意义？它只是一座桥吗？野荒之地，有此人间杰作，让人浮想联翩。

景宁畲乡廊桥

云之南

云南

云南

在中国的省名中，最让人产生浪漫遐想的，恐怕就是云南了。人们只要看到云横万里，就会想到，在那白云悠悠的最南端，就是四季如春的云南。

像千姿百态的茶花一样，云南居住着25个民族，差不多占中国民族数目的一半。这片海拔悬殊、地形差异极大的土地，不仅允许品种繁多的动物和植物在这里生长，而且也允许不同民族、不同文化、不同信仰、不同习俗、不同语言的众多人类在这里生息繁衍，相安无事。一切生物，不管是土生土长的，还是迁徙移植而来的，都被允许保留个性、保留特征去生存，去发展。在这里，没有"大一统"。

于是，云南的传统村落建筑，也就像它的茶花一样，类型丰富，形式多样，风格迥异。

楚雄小岔河寨是一个彝族村寨。彝族的历史可能比我们所了解的还要悠久。直到20世纪50年代，彝族还未进入近代社会。他们崇拜竹子，崇拜葫芦，崇拜老虎。正是从他们的语言和习俗中，人类学家和民俗学家认为有希望找到破译中华民族远古时代的许多文化之谜的线索。至少，他们居住的井干式木楞房足以说明，彝族不但历史悠久而且进化缓慢，它似乎顽强地保留着文明刚露曙光时的美好记忆，而不愿意太快的变化和太多的改变把这记忆冲刷得无影无踪。

井干式木楞房用原木层层叠压构成墙体，在平面布局上是两间横列。这都说明这种房屋样式的原始性。如果把它比作传统村落建筑中的大熊猫，恐怕不会为过。因为它既古老又稀少。它似乎成了一种标志，标志着主人属于一个在历史上值得自豪的古老民族，同时也标志着主人仍然愿意保持或者留恋祖先留传下来的生活方式。

生活在泸沽湖畔宁蒗落水村里的摩梭人，就是一个有着古老的历史而且仍然按照古老的方式生活着的民族。

这种古老的生活方式，沿着历史之河溯回若干个社会形态，停泊在温情脉脉的母系社会，这里就是马可·波罗笔下的"女儿国"。

粗大的圆木纵横相交叠架为墙，木板作瓦覆盖屋顶，这就是摩梭人的"木楞房"。

四合木楞房由正房、经堂、门楼和畜圈组成。正房是全家的活动中心，又是主管家事的老年妇女和幼童的住所，因此又称"祖母房"。正房堂屋内有两根木柱，右边称为女柱，左边称为男柱。经堂是住家喇嘛诵经拜佛和休息的地方。门楼上分隔为三四间卧室，这里是成年女性的睡房。在日常生活中，男人承担了家庭中主要的劳动责任，而每天清晨到泸沽湖里打一壶纯净的圣水供奉佛祖的荣誉，则只有女人才能享有。

相当多的云南少数民族居住在干栏式建筑里。因为干栏式建筑适应云南气候，在防潮、防洪等方面，的确具有显著的优点。

德宏三台山乡拱别村的景颇族传统村落建筑，是一种低干栏式的建筑。景颇族像许多山地少数民族一样，是一个耕猎民族。男人们也许进山打猎去了，村里看到的都是妇女在干活。屋里墙上挂着弓箭、猎枪和刀，这是每一个景颇族家庭必有的。

沧源大懂寨是一个洋溢着生活气息的佤族村寨，它有一种古朴原始的情调。身着佤族盛装的姑娘在唱歌；溪水哗哗流淌，一节一节竹子接成水梁，把山泉引到家中：舂米的声音单调而富有节奏；村寨小路上，行走着背筐的佤族小女孩；火塘边佤族男人惬意地吸着水烟；因为是农闲时节，牛栏里关着水牛……这是一幅千年不变的《村寨图》。早在3000年前，此地的先民就用牛血调红土，把它画在岩石上。岩画描绘了一个向心式布局的村寨，十来幢干栏房屋围成一个圆圈，拱卫着中心一幢较大的干栏式建筑，狩猎和耕种的村民们行进在通往山林和田野的小径上。

在中国的干栏式建筑中，最典型的要数傣族的竹楼，虽然现在已经很难看到纯粹的竹楼了。

傣族聚居地区主要分布在云南南部边疆西双版纳的 49 个小盆地，当地人称为坝子。

西双版纳地处热带北部边缘，没有春夏秋冬四季之分，只有旱季、雨季之别，印度洋的西南季风和太平洋的东南气流对它都有影响。这两股来自海洋的温暖气流给西双版纳带来大量的水气，云雨多，风速小，日照少，气温高，湿度大。在这样的气候中生活，如何用其利而避其害，就成为傣族传统村落建筑首先要考虑和解决的问题。

澜沧江两岸发掘的新石器时代的文化遗址说明，在远古时期，已有人类在这些地方生息和繁衍。云南出土的铜鼓上，也有干栏样式的纹饰。晋代张华在《博物志》中记载："南越巢居，北朔穴居，避寒暑也。"《魏书·像传》记载："僚人，依树积木，以居其上，名曰干栏，干栏大小，随其家口人数。"傣族竹楼，应该是从巢居发展而来的。

西双版纳傣族采用干栏式楼居的原因有两个：一是傣族多聚居在平坝，楼居有利于抵御水灾及野兽蛇虫的危害；二是架木楼居，干燥舒适，能适应亚热带潮湿多雨的气候。

专家们认为，傣族竹楼经过千万年来的演化，本身已形成一个"自防热体系"。它无须借助降温设备和特殊材料，而仅靠从整体到局部的一系列构造方法，就能有效地做到防辐射、防日照、隔湿与通风。

傣族传统村落建筑的体型，从外观看，屋顶占据了二分之一强，屋顶硕大，屋檐出挑深远。这种大挑檐的处理使得居住层较长时间处在阴影笼罩之下，大大减少阳光对墙板的直接照射。为了减弱环境辐射的影响，傣族传统村落建筑的居住层很少开窗。墙板外的腰也可以起到遮阳和防辐射的作用。

亚热带的大湿度和低气压使人闷热难受，居住的隔湿和通风就显得尤为重要。

傣族传统村落建筑典型的防护措施是底层架空隔湿，保证居住层的干燥。楼板的空隙使住层上面较高的温度传到底下，让穿过架空层的凉风带走。另外，在腰檐上端与屋顶的结合处留出一定的间距，做镂空处理，就可以在室内形成穿堂风。外墙由木板和竹片拼接而成，轻薄通透，也有利于室内通风。屋顶做成大坡度，室内空间增高，不做吊顶，室内的余热就容易升至屋顶，从瓦沟的缝隙中排出。由此可见，整座傣楼是一个利用自然材料精心设计的隔热防潮系统。想到傣族人一方面沿用着刀耕火种的原始生产方式，一方面却居住在这样充满智慧的"自防热体系"的竹楼里，真是有些不可思议。之所以产生这样的矛盾，大概是傣族人在解决吃饭问题上无须特别努力，因为自然对他们实在是太厚爱了。在热带雨林中生存，安全而有益于健康的居住，比充饥果腹要难以解决得多，因而需要付出更大的努力。于是，傣族人的智慧就向居住方向偏移，文明对自然做出的积极回应，也就更多地体现在居住方式上了。

这些硕大的屋顶在造型上采用歇山重檐式。这是汉族官式建筑中等级很高的屋顶样式，庄严巍峨，是权力和地位的象征。这么多歇山重檐式大屋顶聚合在一个平坝之中，远远望去，令人产生来到紫禁城的错觉，仿佛热带雨林中又出现了一座帝王的行宫。其实这样的大屋顶，并没有汉族建筑中纲常秩序的文化含义，仅仅出于功能上的考虑，以适应炎热多雨的气候。陡屋面利于排泄雨水，大屋顶加重檐则利于遮阳避晒。但在观瞻上，庞大峻美的屋顶同轻盈虚空的屋柱构成了一对互相衬托、互相抗衡又互相补充的建筑语言，产生强烈的虚实对比，形成一个纯朴自然、活泼多趣、富有建筑美感的外观。檐深柱低，阴影浓密，与特有的亚热带阔叶林植物组成一幅极为和谐的图画。身着紧身筒裙的傣族姑娘那小巧玲珑、苗条纤秀的身影，不时闪现在竹楼台上和槟榔树下。绮丽的南国风光令人陶醉。

大凡原始的聚落在构建自己的居留地时都采取顺其自然的方法。西双版纳的傣族聚落一般是选择在低洼的坝区，沿水域、河流自然形成一个个寨子。

村寨布局受自然崇拜和佛教的影响。大自然在傣族人的心目中是神圣的，所以聚落的形成过程并没有一个统一的布局思想作为指导。虽然如此，傣族的村寨却依然具有一定的整体性。尤其是自13世纪佛教从缅甸传入后，几乎寨寨都建有佛寺，村寨的道路有意无意都通往佛寺，佛寺也成了村寨真正的中心。但这个中心并不像汉族人所理解的那样，一定要在方位上居于正中的位置。傣族村寨的佛寺常常位于寨旁较高处或主要入口处，寺塔立于茂林修竹之中，远远望去，先见寺塔，后见房屋。村寨融于一片树荫之中。穿过浓密的树林，绿荫深处，才是傣家竹楼。疏疏的竹篱围成一个个院落，院内种植香蕉、木瓜、椰子和槟榔，竹楼安详地站立在绿荫之中，外形朴实而轻盈，神态幽静而柔媚。

傣族是一个温和善良、富于理想、热爱和平自由、渴望安居乐业、性格内向细腻的民族。这些性格特征完全可以从他们的居住方式看出来。他们的居所同汉族和其他西南少数民族建筑的一个重要区别是，傣族村寨和民居都没有防御体系，寨墙和竹篱仅仅是象征性的，客人可以穿过这些象征性的墙篱，进入傣寨和傣楼。不过，在上楼梯之前，必须脱掉鞋子，不要把泥水带进屋子。傣族人是很爱干净的。

底层架空，作为饲养牲畜、家务劳作和贮物之用，这是干栏式建筑的共同特点，傣楼也不例外。

楼梯是通往居住层的通道，直通楼上前廊。前廊四周无墙，仅有重檐屋面遮阳避雨。开敞的前廊在外檐处有靠椅或铺席，是日间乘凉、进餐、纺织、待客的理想之地，也是日常活动的中心。廊前有展台，是盥洗、晾晒和进行小型家庭副业如编竹与晾晒农作物的地方。

楼上室内纵向分隔为堂屋及卧室。堂屋是居住的中心，近门处有火塘，供烹饪、取暖和照明用，客人及家人围火塘而坐，饮食起居，接人待客，全在堂屋。

卧室内不同辈分、不同性别的家人共同占有一个空间，相互间仅以地铺的席子和蚊帐划分领域，这就是傣族卧室有名的"分帐不分室"。

茫茫的热带雨林，婀娜舒展的凤尾竹，亭亭玉立的槟榔树，优雅别致的傣家竹楼，构成了绮丽的西双版纳风光。许多人把它当作云南的形象。其实，在苍山洱海之畔，玉龙雪山之麓，还有另一类风光，还有另一种形象，同样让人耽迷，让人流连忘返，不知不觉中深深沉入历史的遐想，在老街古道寻找文明传播流徙的足迹……

在漫长的历史长河中，中原汉族民居的技术与艺术随着战争、移民传入云南，为一些文化比较先进、经济比较发达的少数民族与地区所接受，产生了云南的汉式民居。而其中大理的白族民居、丽江的纳西族民居、昆明的彝族"一颗印"民居，又是云南汉式民居中较为典型且饶有特色的。

蓝天，白云，远处是玉龙雪山，近前是油菜黄花。美丽的崇圣寺三塔洁白修长的身影倒映水中，就像白族姑娘在沐浴梳妆。

白族传统村落建筑就像白族姑娘给人的印象一样，端庄、洁净、素雅，妩媚中不失规矩，大方中略带矜持，总体上含蓄不露，平淡天真，重点部位却浓妆艳抹，尽展风姿。就像一幅高调的美女照片，服饰身段都淡化成一片隐隐约约的氛围，在这晨雾般的氛围中烘托出艳丽逼人的脸庞，美目盼兮，巧笑倩兮，说不尽的风韵，尽在这明眸皓齿的顾盼翕张之中。

在白族传统村落建筑的"三坊一照壁""四合五天井"平面布局中明显可以看出中原民居的遗风流韵。这种以院为中心、家长居中、祖神牌位居中、围绕院子而布置居室的向心组合，本来是中原地区宗法家长制在建筑上的反映，而白族传统村落建筑接受这种平面布局，采取汉式民居的居住方式，说明它也较早地进入了宗法社会。外墙闭合、门少、窗小，甚至不开窗的封闭形象，同汉族民居一样，反映了小农经济自给自足及自我保护、与世无争的封闭心理。

然而，白族传统村落建筑毕竟只是汉族民居的一种接受形态，它的民族性和地域性使得它不可能同汉式民居完全一样，中原北方民居的建筑造型一般较为厚重、严谨，而大理白族传统村落建筑以其屋顶与照壁轮廓的轻柔曲线及丰富的外檐装饰显得纤巧明丽。

中原北方民居的庭院广大而花木稀少，而大理白族传统村落建筑却满院花木扶疏。小小的庭院，无论春夏还是秋冬，绿色常驻，春光永存，真可以说是"留得春光过四时"了。

在四季如春的温暖气候中生活的人们，不喜欢把自己憋在屋里，起居活动多在户外。云南汉式民居当然也要适应人们的这一生活习性。因此，它的厅廊的开敞程度，就比中原和北方的民居大得多了。就拿廊来说吧，在北方，它只起交通联系作用，只是一条走道；而在云南，廊是待人接客之地，所以它的宽度必须要能摆放一桌酒席。在北方，因为气候寒冷，正房是比较封闭的，只留一扇门进出，起居活动主要在室内；而在大理、丽江，民居的正房都以六扇槅扇门作为隔断，需要敞开时可以全部打开甚至卸掉，同廊连为一个相通的起居空间。昆明彝族"一颗印"民居因为用地紧凑，无法设置宽廊，在解决起居空间上，采用了将正房作敞厅，不设门，使之与庭院空间相通的方法。这种把内外沟通起来组成一个开敞的大起居空间的居住观念，固然同温暖宜人的气候有密切的关系，但同时也反映了人对身处于自然之中的自我所做的思考——人类同自然的关系不能因为房屋而受到阻隔。房屋对于人类的最深刻的意义也许并不在它的原始创意，也就是说，人类的房屋不应当成为一个同自然相隔离的空间，它应当尽最大的可能恢复同自然的联系。在一个满足了遮风避雨功能的居住空间里，建筑应该尽最大努力去接受阳光和空气。

在云贵高原的西北角，有一座美丽的古城，它就是东巴文化的祖庭——丽江。1000多年前，纳西族人创造了别具一格的象形文字——东巴文。丽江古城西枕狮子山，北依象山，东南开阔。这种"负阴抱阳"的地形格局，冬避西北风，夏近东南风，是纳西族先人选择的理想居住地。

丽江古城没有南北定位的主轴线，道路也不呈方格网，整个古城跨水而建。玉泉水分三汊，绕街过巷，贯通全城。彩花石道路以四方街为中心在古城中自由放射，小尺度的街道不仅拉近了人与建筑的距离，无形中也拉近了人与人之间的距离，使古城的街道充满浓浓的人情味。"家家泉水，户户垂杨"，小桥、流水、街市、人家，巧为穿插，错落有致，组合成"曲、幽、达、雅"的完美意境。如果把丽江古城比作幅画，显然它不是"胸有成竹"之作，它属于那种"一笔既下，万笔赴之"的半意之作。胸中虽无成竹，却可以笔笔相生，气脉贯通，达到"道法自然，妙合神权"的高妙境界。因此，在丽江古城中游览，经常可以看到传统村落建筑同水、同环境、同道路之间只可意会、难以言表的巧妙关系。即兴之作，神来之笔，偶然效果，无不信手拈来，涉笔成趣，斐然成章。

大理白族村落建筑规模大，规整，有封火山墙；而丽江纳西族村落建筑多为小院落，无封火山墙，出檐较大，显得轻巧灵活。同白族村落建筑的纤巧明丽相比，纳西族村落建筑以其深厚的悬山屋顶与朴实的装修而显得古朴潇洒。如果说白族村落建筑是待字闺中的小家碧玉，那么纳西族村落建筑则更像是策杖溪山的得道高士了。

丽江纳西族传统村落建筑常见的形式有三坊一照壁、四合五天井、二重院、二坊房和一坊房。民居规模的大小、房间的多少、院子的尺寸，取决于家庭人口的多少、经济条件和地形地貌等因素。常见人家将泉水引入院中小池，花木扶疏，一股沁凉的清纯之气令人神清气爽、万虑俱澄。

在非常古老的地质年代，云贵高原在来自东西方向的强烈应力作用下，南北方向发生了地层断裂，引起大规模的地壳上升，于是南北走向的横断山脉在隆隆的地震声中诞生。后来，由于剧烈的喜马拉雅造山运动，玉龙雪山猛烈上升，冰峰直指蓝天。今天，玉龙雪山仍在继续升高，而作为断陷盆地的丽江，地底基岩错移，致使地震频繁。

那么，兴建于宋末元初，民居主体为明清建筑的丽江古城，又是如何在频繁的地震中挺过这几百年的呢？显然，纳西族传统村落建筑在防震性能上一定有自己的看家功夫。

模仿桌子来搭建房屋的骨架，模仿箱子来围合房屋的空间，是纳西族民居建筑防震结构的最大特点。

建筑木骨架既然是模仿桌子，节点的榫接和卯合，在做工上就要求非常严实。站得直，立得稳，拉得紧，严丝合缝。而且，整个骨架除钉椽、檐板及顺水板外，禁忌铁钉铁件，这样要求，是为了使所有榫卯节点都属于柔性节点。在地震的强烈晃动中，做工严实的柔性节点能最有效地做到既不松垮也不断裂。

在纳西族传统村落建筑中，墙只起外围护作用，不承重，就像在桌子四周围上几块板，所以对墙体的要求是"墙砌不到顶，倒墙倒外面"，因为墙体既然不承重，也就没有必要砌到顶。但发生地震，引起墙体倒塌时必须做到只向外倒不向里倒，以免砸伤室内的人。如果说，模仿桌子的房屋骨架，对木匠师傅的要求十分挑剔，那么，对砌墙的泥瓦匠的要求也毫不含糊。一堵合格的纳西建筑的墙，必须做到三点：一是下厚上薄，略有收分；二是"重缝不成墙"，也就是说，每块砖都必须交错咬合，直缝不能相重；三是每隔三至五层土坯要满铺一层竹筋或者薄木板，增强土坯墙的抗拉、抗剪、抗弯强度。做到了这三点，地震发生时，墙对人的威胁就大大减少了。

丽江古城，是纳西族文化的结晶，也是汉文化、藏文化和白族文化交相影响而结出的高原之花。作为国家级历史文化名城，它开始受到保护。然而，人口的激增、旧式大家庭的解体、房屋产权的混乱、旧房修缮乏资、新风格不协调等社会、经济和文化的不利因素，已使古城的传统风貌遭到破坏。频繁的地震并没有夷平这座古城，但在今天，它却受到了来自居住者的真正威胁。丽江古城能像经受住地震冲击那样，坚强地迎接人类的冲击而经久不颓吗？

云南大理白族民居
Civilian Residences of Bai Nationality in Dali, Yunnan

白族传统村落建筑的"三坊一照壁""四合五天井"平面布局明显可以看出中原民居的
遗风流韵。

大理白族传统村落建筑满院花木扶疏。小小的庭院，无论春夏还是秋冬，绿色常驻，春光永存，真可以说是"留得春光过四时"了。

中原北方民居的建筑造型一般较为厚重、严谨，而大理白族传统村落建筑以其屋顶与照壁轮廓的轻柔曲线及丰富的外檐装饰显得纤巧明丽。

白族传统村落建筑就像白族姑娘给人的印象一样，端庄、洁净、素雅、妩媚中不失规矩，大方中略带矜持，总体上含蓄不露，平淡天真，重点部位却浓妆艳抹，尽展风姿。

云南玉龙雪山下的民居
Civilian Residences under Snow Mountain in Yulong, Yunnan

在云贵高原的西北角，有一座美丽的古城，它就是东巴文化的祖庭——丽江。

丽江古城西枕狮子山，北依象山，东南开阔。这种"负阴抱阳"的地形格局，冬避西北风，夏近东南风，是纳西族先人选择的理想居住地。

丽江纳西族传统村落建筑将泉水引入院中小池；花木
扶疏，一股沁凉的清纯之气令人神清气爽、万虑俱澄。

纳西族村落建筑以其深厚的悬山屋顶与朴实的装修而显得古朴潇洒。如果说白族村落建筑是待字闺中的小家碧玉，那么纳西族村落建筑则更像是策杖溪山的得道高士了。

云南丽江宁蒗落水村摩梭人民居
Civilian Residences of the Mosuoese of Luoshui Village in Ninglang, Lijiang, Yunnan

生活在泸沽湖畔落水村里的摩梭人，就是一个有着古老的历史而且仍然按照古老的方式生活着的民族。

粗大的圆木纵横相交垒架为墙，木板作瓦覆
盖屋顶，这就是摩梭人的"木楞房"。

摩梭人古老的生活方式，仍旧停泊在温情脉脉的母系社会。这里就是马可·波罗笔下的"女儿国"。

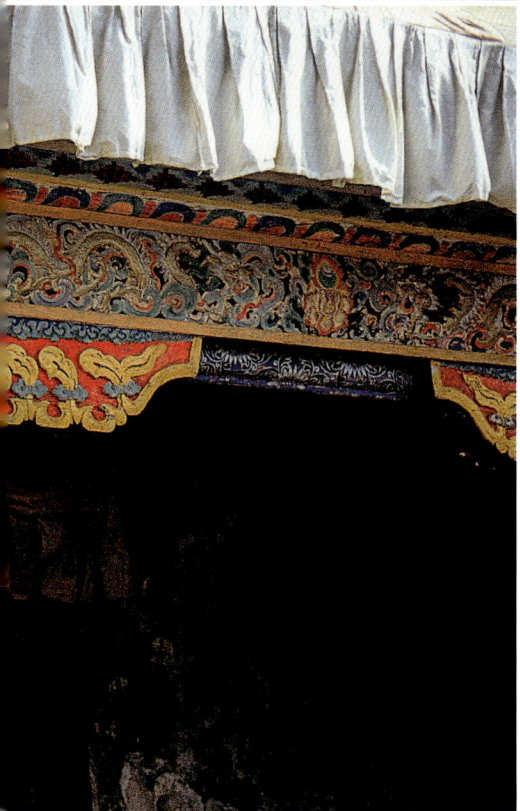

景颇族传统村落建筑，是一种低干栏式的建筑。景颇族像许多山地少数民族一样，是一个耕猎民族。

云南沧源大懂寨佤族民居
Civilian Residences of Wa Nationality in Dadong Zhai Village in Cangyuan, Yunnan

这是一幅佤族的先民用牛血调红土，把狩猎的场景画在岩石上的岩画。

沧源大懂寨是一个洋溢着生活气息的佤族村寨，它有一种古朴原始的情调。

茫茫的热带雨林，婀娜舒展的凤尾竹，亭亭玉立的槟榔树，优雅别致的傣家竹楼，构成了绮丽的西双版纳风光。

庞大峻美的屋顶同轻盈虚空的屋柱构成了一对互相衬托、互相抗衡又互相补充的建筑语言，产生强烈的虚实对比，形成一个纯朴自然、活泼多趣、富有建筑美感的外观。

　　整座傣楼是一个利用自然材料精心设计的隔热防湿系统。想到傣族人一方面沿用着刀耕火种的原始生产方式，一方面却居住在这样充满智慧的"自防热体系"的竹楼里，真是有些不可思议。

　　在热带雨林中生存，安全而有益于健康的居住，比充饥果腹要难以解决得多，因而需要付出更大的努力。

　　傣族人的智慧就向居住方向偏移，文明对自然做出的积极回应，也就更多地体现在居住方式上了。

云南瑞丽东门村傣族民居

Civilian Residences of Dai Nationality in Dongmen Village in Ruili, Yunnan

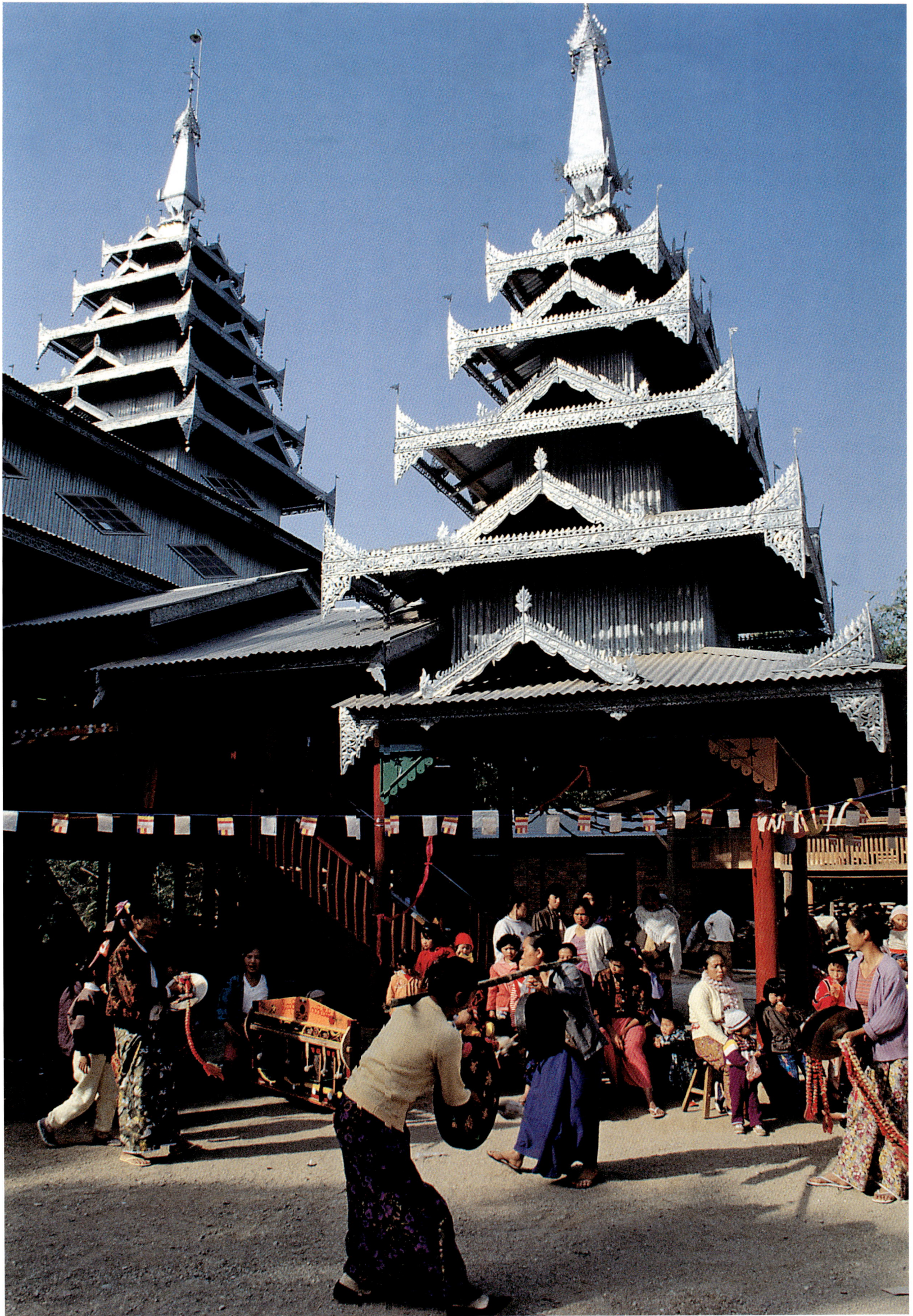

云南德宏芒市法帕乡傣族民居

Civilian Residences of Dai Nationality in Fapaxiang, Mangshi, Dehong, Yunnan

云南德宏芒市法帕乡佛塔
Buddhist Pagoda in Fapaxiang, Mangshi, Dehong, Yunnan

傣族村寨的佛寺常常位于寨旁较高处或主要入口处，寺塔立于茂林修竹之中，远远望去，先见寺塔，后见房屋。村寨融于一片树荫之中。

云南峨山彝族民居
Civilian Residences of Yi Nationality in E-shan, Yunnan

云南保山小邦协寨布朗族民居

Civilian Residences of Bulang Nationality in Xiaobangxie Zhai Village, Baoshan, Yunnan

云南保山玉佛寺
The Jade Buddha Temple in Baoshan, Yunnan

云南沧源僾伲族民居

Civilian Residences of Ai-ni Nationality in Cangyuan, Yunnan

云南德宏三台山乡德昂族民居

Civilian Residences of De-ang Nationality in Santaishanxiang, Dehong, Yunnan

云南永胜汉族民居
Civilian Residences of Han Nationality in Yongsheng, Yunnan

云南永胜汉族民居
Civilian Residences of Han Nationality in Yongsheng, Yunnan

云南昆明汉族民居
Civilian Residences of Han Nationality in Kunming, Yunnan

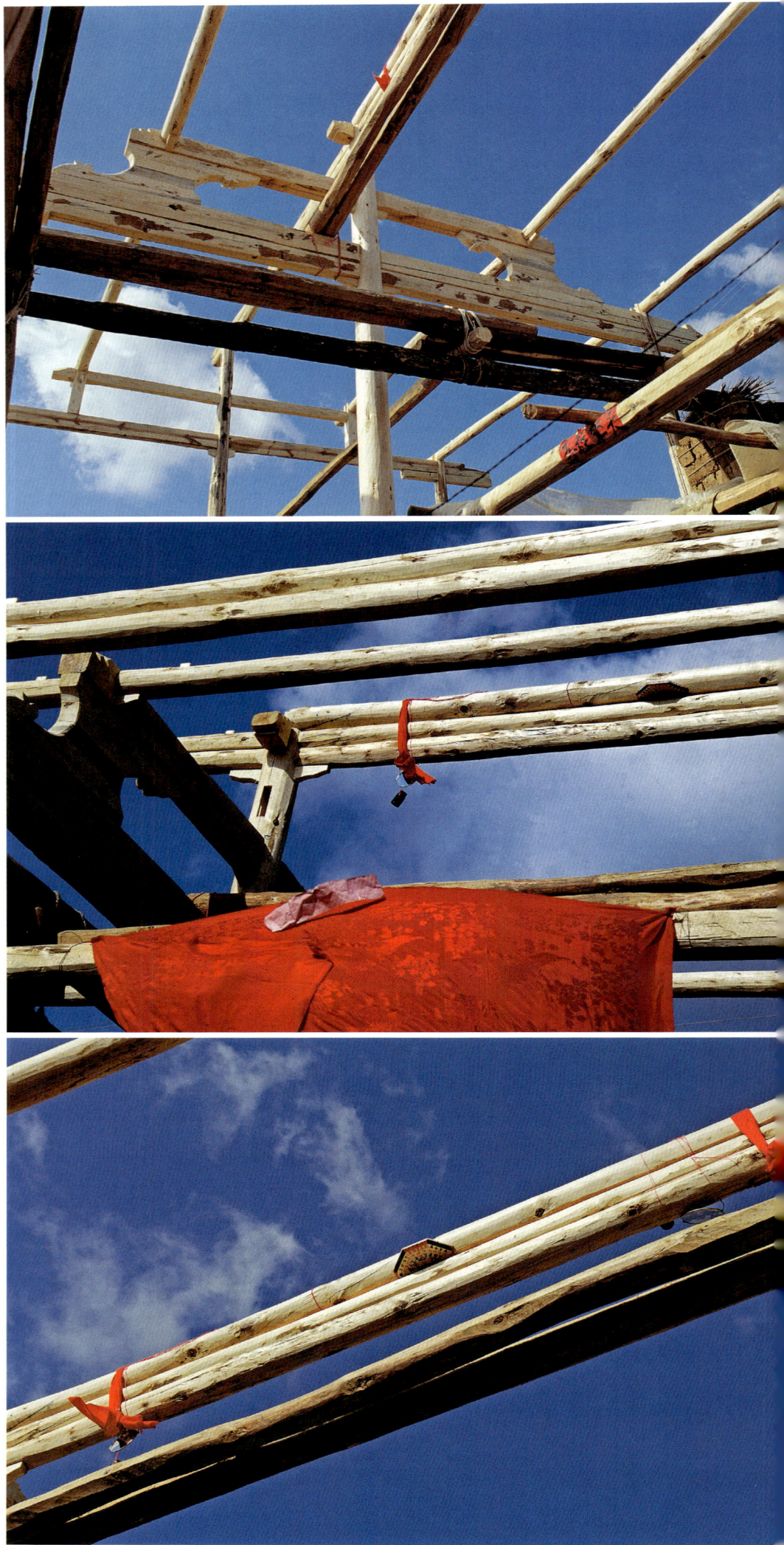

云南昆明汉族民居的上梁仪式
The Ritual for Laying Han Residences Beams in Kunming, Yunnan

人神共食

西藏

在很久很久以前，雪域高原是一片无边无际的大海。海岸上长满松柏、铁杉和棕榈。后来，来了五条毒龙，它们掀起狂风恶浪，把灾难带给了这片和平乐土。五朵彩云飘来，载来五位仙女，降伏毒龙，喝令大海退去。在众生恳求下，五位仙女不再回转天庭，她们化为五座雪山，后来，成了高原的保护神。

在各个民族的创世神话中，唯有藏族的这个神话，同现代地质学的观点十分接近。以五座神女峰而令人们崇仰膜拜的喜马拉雅山脉，就是板块构造学说中著名的"喜马拉雅碰撞段"。由于印度板块与欧亚板块在此相撞，印度板块被迫俯冲到欧亚板块之下，于是，面积近 200 万平方千米、地表高度绝大部分超过 5000 米的青藏高原就在地球表面耸立起来，成了世界的屋脊。

远古的时候，高原的先民们在雅砻河谷寻穴而居，采果而食，经历了漫长的原始生活。大约到了公元前 237 年的某一天，居住在雅砻河谷的原始本教教徒们，在山上放牧时，偶然发现了一个小男孩。当人们问他从何方而来时，小男孩以手指天，于是教徒们便认定他是色界第十三代光明天子下凡，一致拥护他为部落首领，取名"聂赤赞普"。这就是吐蕃部落的第一位王。

光明天子下凡为王，不能同凡人穴居野处，于是人们想到需要修建"王宫"。所谓"王宫"，其实只是不同于山洞的房子。于是，被誉为青藏高原第一建筑物的雍布拉康诞生了。

事实上，根据考古发现，西藏在 4000 年前的卡若新石器时代遗址已经有了丰富的建筑遗存。在发掘的 28 座房屋基址中，就有圆形房、半地穴房、地面房三种类型，房屋内有烧灶、台面、围墙等生活设施。从基址选择、结构构造、柱洞基础、砌墙技术、地坪防潮等方面可以看出，这一时期的传统村落已有较高的建筑水准。

但是雍布拉康仍然不愧为一个历史性的标志。现在雄踞山巅的石砌碉房，是公元 17 世纪由五世达赖重新修建的。它坐东朝西，用石块砌成，规模不大，同后来的王宫建筑相比，只能算是一座简朴的大房子。可它在西藏建筑中的地位，远远超出它本身的规模和造型模式。与汉族历史中传说的夏台一样，雍布拉康是西藏历史上第一个部落王朝的见证者，是藏族历史与文化的第一块里程碑。在建筑史上，它也开创了西藏宗山建筑的先例。

在西藏，从昌都东端到喜马拉雅山西部，从山南雅砻河谷至藏北高原，几乎在每个县，都能看到一些古老的城堡建造在地形险要的山顶或山脊，它们就是藏语所称的"宗喀"，也就是宗山建筑群。藏语的"宗"来自"扎宗"。"扎"的意思是对付敌人，"宗"是堡垒、要塞、城堡，因此宗山建筑首先是用作军事防御的建筑群。

最早建筑宗山的是那些大的家族。家族间的纷争促进了宗山建筑的发展。宗山上的建筑几乎都可用作军事防御设施。在战时为了保存实力，全部兵力据守山头，占据有利地势。山下村寨一般不筑城墙，也没有围护用的壕沟，战时则放弃村寨，全部村民上山参加战斗。

大约到了 14 世纪的时候，帕莫竹巴政权选择一些具有战略意义的宗山设置宗政府，并派军队驻守，建筑碉堡和办公用房，同时还修建相当规模的寺庙。由于宗政府的建立使得宗山成为区县地方政府的专用名称，宗山建筑也就成为一个地区最高权力的象征。

在宗山上，一般建有经堂、佛殿、护法神殿、议事厅、碉堡和用于宗教仪式及跳神的欢乐广场，还有宗本（包括僧、俗二官）的住房、管家和佣人的住房、粮库、兵器库、运水暗道、监狱等。在大规模的宗山山下（藏语称"雪"），有的筑了城墙，挖了护城河，但多数没有。宗雪常常包括寺庙、政府官员和贵族三种蔡巴的房子，也有专门为宗政府支乌拉差准备的奴隶住房，还有酒馆、茶馆和一些作坊。凡住在宗雪里的居民要负担维修宗山的任务。

作为僧俗奴隶主权力的象征，宗山建筑居高临下，建筑高低错落，各座建筑间用石阶或石墙连接，使山势与建筑融为一体，更增加了宗山建筑的高度和体量感。

一直到松赞干布建立统一的吐蕃王朝并迁都拉萨盆地以前，西藏人的房屋都是建筑在山上的。松赞干布统一全藏建立吐蕃政权后，部落战争停止了。于是，从发展生产与加强社会管理的角度出发，应从山地迁居平原并建立村落，沿着房屋四周开垦荒地，把山上溪流引到平地灌溉，促使社会大大向前推进。因此，当郭赤桑尧拉在 8 世纪末向吐蕃王朝提出这一建议并被采纳后，他的名字也就进入了对西藏文明有创造性贡献的"吐蕃七贤"之列。从他身上，我们看到了建筑与文明的关系。

公元 6 世纪，随着吐蕃内部社会变革的需要和与外部交往的发展，在西藏历史上发生了一件大事。雍布拉康上空降下佛经、金塔、法器，佛光开始长期笼罩雪域高原。

在长期的政教合一体制下，宗教影响着人们活动的各个领域，渗透到人们生活的每一个角落。所有的建筑类型都或多或少具有宗教的色彩，寺庙自不待言，即便宫殿、衙署、住宅，都在显要的部位设置佛殿、经堂。建筑和装饰也都受到宗教的影响。可以说，在西藏建筑中，大至宏观的建筑布局，小至微观的建筑装饰，都是以宗教为中心的。

藏族人民笃信喇嘛教，大部分家庭都有子弟出家为僧。宗教信仰高于一切，寺庙当然也就具有崇高的社会地位。在相当长的一个历史阶段里，寺庙不仅拥有大量的物质财富，曾是三大领主之一，而且拥有几乎全部的精神财富，成为文化教育中心。

喇嘛寺庙必须"佛、法、僧"三宝俱全。它兼有高等学府和研究院的职能。喇嘛们除了进行经常性的佛事活动外，还分别研习佛教显、密各宗的教义以及天文、历算、医药等学科，通过逐级考试而取得学位。因此，一座寺庙往往成为一个多功能的建筑群，选址于山地的格鲁派寺庙，建筑群的外观形象全部显露，造成一种气势磅礴的宗教震慑气氛。建筑群或沿山坡而上，或雄踞山顶，顺地形之起伏，密密匝匝随宜布置，虽未经严格的总体规划，却有大致的功能划分。

供奉佛像的佛殿、供奉庋藏寺庙历代住持、活佛骨灰的灵塔殿与作为大经堂的措钦，三个建筑单元集中为寺庙的核心；作为学院的扎仓散置两侧；居住一般喇嘛的康村环列周围；寺庙内部巷道纵横交错，俨然是一座山城的格局。

哲蚌寺是格鲁派在拉萨的三大寺之一，是历代达赖喇嘛的母寺，也是格鲁派实力最雄厚的寺院。公元 1416 年，宗喀巴的四弟子绛央曲杰在内乌贵族仁青桑布的资助下，择址拉萨西郊更丕乌孜山下，兴建了这座寺院。

哲蚌寺内最大的罗赛林扎仓，面积近 2000 平方米，可容纳千余名喇嘛集体诵经、研习。几十根大柱支撑大殿，柱子为方形，略有收分，包着各种艳丽的唐卡和五色彩条。阳光从高高的天窗斜射进来，被阳光照着的地方明亮晃眼，不被阳光照射的地方沉入深邃的黑暗。在藏族建筑中，佛殿和灵塔殿的地位最尊贵，建筑的外檐装饰、装修也相应地做最高等级的处理：墙面用红色粉刷，使用门廊、空廊、凸窗；露明的木结构和木装修全部施以彩绘、雕饰；平屋顶的女儿墙使用"卞白"做法，即以柽柳条捆扎成束，砌成高五六十厘米到一二米不等的矮墙，修剪平齐，刷上紫红颜色，上覆瓦件或抹灰压顶，形成一圈具有丝绒般质感的紫色条带，其上镶嵌镏金的"佛教八徽"和"七宝"图案；女儿墙上安镏金的宝幢、宝伞、法轮、法鹿等金属装饰部件；平屋顶上安镏金的金属歇山顶，也就是著名的"金顶"。

说到"金顶"，当然必须说到桑耶寺。

桑耶寺中心大殿高 30 米，重叠五层的金顶高 15 米，支承金顶的两层木构架，由 22

排 40 根柱子从四周顶立。它的上部采用三个层次的 20 根跳梁，楼板上又竖立 42 根柱子支撑金顶。这种奇特的"内无柱"结构形式使世界建筑界为之震惊。

"桑耶"的藏文意思是"超思维"，而光与火，正是超思维的象征。金光灿烂的金顶昭示了天界的至高无上。它们俯视苍生，摩天接云，芸芸众生的现实悲苦与欢乐真是微不足道。也许这就是大慈无情、大悲无悯的境界吧。

整座寺庙以佛教世界观进行布局，实际上是一个巨大的曼陀罗。主殿三层象征须弥山；四方有四殿，象征四大部洲；四殿又各有两配殿，象征八小洲；主殿南北两处又各建一殿，象征日月二轮；主殿四角建有白、青、绿、红四色舍利塔，象征四大天王；外有垣墙围绕，象征铁围山。以佛教对世界结构的想象，具体化为寺院建筑的形式，这种建筑艺术，对整个西藏文化和藏民的世界观，产生了深远的影响。

次一等级的经堂和活佛住的拉让，墙面用白色粉刷或局部红色，一般没有镏金歇山顶的装饰部件。

作为一般僧侣集体宿舍的康村则又低一等，墙一律用白色粉刷，使用普通门窗；露明的木结构和木装修均不彩绘、雕饰；屋顶没有任何镏金的金属装饰部件。

贵族、高级官员的宅邸讲究气派，规模较大，布局严整。严肃气氛多于居住的怡悦气息。

在雅鲁藏布江南侧的山谷里，有一处著名的庄园，叫朗色林。据说这个庄园是吐蕃王族的后代朗达玛建造的。朗达玛因灭佛而被佛教徒暗杀。那是一个宗教斗争白热化的岁月，朗达玛庄园，自然被设计为一座防范森严的堡垒。

庄园主楼，十分庄严。半边为夯土墙，半边为石头墙。一、二、三层是仓库；四层是管家、佣人的房间；五层是大经堂和客房，从事佛教活动和庆典活动；六层是贵族居住的地方；七层是贵族私人经堂和读书、休息的地方。

庄园有内、外两道正方形的墙。内围墙四角建碉楼，大门设在南墙；内外墙之间是一道壕沟。设防可谓固若金汤。

庄园还设有马厩、牛圈、磨坊、染房和家奴住房，完全是一个小型而独立的封建农奴制社会。

朗色林庄园的建筑在西藏大量的奴隶主庄园中具有纪念意义。因为正是这座庄园，揭开了西藏持续四百多年的战争与分裂局面。

无论是雍布拉康，还是朗色林，给人印象最强烈的，恐怕是它们的碉房。不管是寺庙还是民居，碉房都是西藏建筑的主要样式，哪儿有了它，哪儿就有了西藏的身影。

碉房一般为两层结构，以柱来计算间数。底层畜养牲口和堆积杂物，楼层较低。上层是人的起居场所，包括堂屋、卧室、经堂、厨房、储藏室、楼梯间等。如果有三层，则第三层一般用作经堂和晒台，厕所挑出墙外。

碉房的结构可以分为墙体承重、柱网承重、混合承重三种。建筑平面有方形、圆形、八角、十二角等形式，但以方形为多。在建筑构造上，梁和柱不直接相连，柱头上平搁短斗，短斗上搁长斗，长斗上搁大梁，两大梁的一端在长斗上自然相接，梁上铺设檩条，檩条上面再铺木棍，然后捶筑阿嘎土做成楼面或屋面。这就是《唐书·吐蕃传》中所记的"屋皆平顶"，是西藏传统村落建筑最显著的一个特征。

碉房的墙体很厚，下宽上窄，非常坚固。平屋顶作为阳台使用，可以上人和晒粮，屋顶不出檐，一律做成女儿墙。

碉房个体建筑的外观轮廓线并非常见的矩形，而是上小下大的梯形。梯形具有较大的稳定感。

外墙上的窗户，一般都很小。因此，一座碉房建筑通体上下愈加呈现出稳重、敦实、封闭的性格，就像碉堡一样，所以叫作"碉房"。

墙上的窗洞以窄长形的居多，上端挑出小檐，其余三面一律做成上小下大的梯形黑色窗套，这就是典型的藏式窗户。据说，黑色梯形窗套是从藏族人民视为神物的牦牛角那里得到启发的。藏族习俗认为，黑色能够驱鬼避邪，窗套涂成黑色，外邪不敢从此处侵入。

梯形的建筑轮廓线，配合着墙面上重复出现的梯形窗套，这样，梯形就成了藏族建筑造型最主要、最突出的"母题"。

而山地建筑群，把具有梯形轮廓的个体建筑的稳重造型成群地显露出来，从而汇聚为建筑群总体的气势磅礴的形象。格鲁派寺庙之所以能表现其威慑力量，得力于这样的建筑造型是肯定无疑的。就是在这一点上，建筑成了艺术。

拉萨的布达拉宫，穹结的山南王宫，各地的宗政府，它们的个体建筑不是一般的散点布置，而是连成一片，完全覆盖山坡，形成"屋包山"的形势。梯形母题的个体建筑轮廓之间互相咬接、穿插、交错、凹凸，呈现出错落有致的几何构图关系。建筑群总体的稳重形象更为突出，气势更为磅礴，威慑力量也更为强大。

青藏高原的色彩是明丽而单纯的。天最蓝，云最白，草最绿，水最清。造物主的手涂抹到这儿时突然对色彩的明丽与单纯有了新的认识。

藏族人民喜爱明丽的原色。他们的服饰、家具、工艺品都使用多种原色的对比，无异于一个完整的色谱排列。往往两种和谐色并列在一起时却故意间以第三种对比色，几乎看不到调和色，更没有灰调子。建筑物上的色彩运用也遵循这一原则。

一般的建筑物，外墙用白色粉刷。大片的白色墙面上点缀着黑色的窗套和女儿墙的黑色条带，构成强烈的黑白对比。在蔚蓝的天空背景下，就像一幅套色单纯明快的版画。

在最高等级的佛殿、灵塔殿和宫殿建筑上，藏族人使用色彩的那股子粗犷、豪放、潇洒的劲，那股子华艳到极致的帅气，简直令对色彩持中庸淡雅观念的汉族士大夫瞠目结舌！大块的红色、黄色墙面，黑的窗套，紫色的卞白，金黄色的琉璃，青绿金红的雕梁画栋，加上宝蓝色镶边的白色帷幔与各种镏金的装饰部件交织在一起，铺盖在山坡上，与环列于四周的康村建筑成片的白色墙面一比衬，简直就是铜管、丝竹、打击乐器的大合奏！真正的色彩交响乐！

与明快单纯的大色块相帮衬，藏族建筑常在一些醒目的部位镂金错彩，不惜工本。等级森严虽然使得门户的装饰繁简不同，但都很恰当得体，惹人注目，赋予建筑物外观形象一种"淡妆浓抹总相宜"的姿韵，于稳重中透出一丝妩媚。

门窗总是装饰的重点，正如女人对眉眼的精心描画。外墙的门窗上挑出小檐，檐下悬挂红、蓝、白三色条形布幔，周围饰黑色窗套。藏族传统村落建筑在屋顶女儿墙脚都插着一丛树枝，上面挂有蓝、白、红、黄、绿五色布条做成的幡，藏语叫作"塔觉"。五彩的塔觉在风中飘动，给过于严肃的建筑增添一些活泼，据说这是在向天神和山神致敬，塔觉虽然不是藏族建筑的组成部分，但一座没有插上塔觉的藏族民居却是不可思议的。塔觉上的五色布条按佛经的说法，蓝色代表天，白色代表云，红色代表火，黄色代表地，绿色代表水。天、云、火、地、水，这就是一个物质的宇宙，人在这个宇宙中生存、轮回，应该始终抱着感激之情向主宰这一切的神表示敬意。

藏族民居墙上涂饰的色彩，有时候并不纯粹是一种装饰，也不仅仅用来标志等级，它在有些地区用来标志不同的教派。比如萨迦县周围的民居沿着屋檐涂上一道白色的条带，墙的四角也涂上垂直的白色条带，再挨着这些垂直的白色条带涂上两道红色的垂直条带，然后在这样一个红白框饰中填满深蓝灰色。这就把碉房的梯形轮廓完全勾画出来了，一座村子就像一幅抽象派的油画。但是，这些萨迦民居的主人本意却不在审美，而是向外人宣示，这个地区所信仰的是喇嘛教中的萨迦派。房屋的色彩成为主人宗教身份的符号。

与寺庙建筑的壮丽辉煌相比，西藏的传统村落建筑确实要逊色得多。这种建筑上的对比同神与人的对比是一致的。

然而，就是在低矮阴暗的贫民窟里，也会有精美得令人心颤的佛龛。这种克己奉佛的精神，使我们更进一步领悟到藏族人对彼岸世界的向往。

平民百姓的小康之家住宅多为两三层，只准使用普通的门窗，装饰简单，外观朴素。贫寒家庭的住宅，仅以平房和墙垣围合为院落，建筑形象当然也就更为简单朴素了。

藏族的传统村落建筑一般都有较大的院子，并有高高的院墙。院子实际上是一个多功能的场所，织氆氇、卡垫或制作金银制品、陶器等手工艺活动一般都在院中进行。

藏族民居普遍重视对门的装饰。定日民居门楣的上方都砌有一个塔形的装饰物，顶上放置一块白色的卵石。有的家庭在门楣上方整齐地放置一排白卵石。在藏族人的信仰中，白色不仅代表吉祥，还具有驱除黑业的法力。白石护门，家宅吉祥平安。也有一些地区民居的门楣上方设有神龛，龛中供奉玛尼石或其他神物。还有的地方在门楣上方放一个牛头，以示避邪。还有的地方将门全部刷成黑色，上方的中间用白色画一个月亮，用土红色画一个太阳，门框周围涂上一圈约一尺宽的黑色条带。日喀则地区的有些民居还在门的两侧墙上画巨大的蝎子图像。这样，门就被装饰成了一个略带一点恐怖意味的神圣入口。这样做的目的无非是阻吓一切敢于侵犯的外邪。

在八瑞相山的簇拥之中，大昭寺端坐在城中心，甘丹寺隐身于城东南，哲蚌寺和色拉寺雄踞于城之北。在偏西的神山上，耸立着巍峨庄严的布达拉宫。

这就是日光之城拉萨。

1300 多年前，群山环抱的拉萨是一片沼泽地，沿泽地中央是一个湖，人称吉雪卧塘。这里没有人烟，只有野羊出没。

公元 7 世纪初的一个夏日，一个 13 岁的少年在清波粼粼的吉曲河沐浴。他从水中抬起头来，看到一片水草丰盛的平原。平原的中央，布达山和药王山突兀而起，巍然对峙。少年想起了部落的传说。那传说说他的祖先是普贤的化身，曾在这里的红山上隐居修行，后世可在此创基立业。他决定按照这个传说，把他的王都从南边的雅砻河谷迁到这吉雪卧塘。这个少年就是刚登王位不久的吐蕃第 33 代首领松赞干布。

松赞干布迁都后很快完成了统一全藏的大业。公元 641 年，25 岁的松赞干布迎娶唐宗室女文成公主入藏。

据说文成公主谙熟星象学和堪舆之道，她夜观天象，日察地形，发觉吐蕃地形状似仰卧的罗刹女，必须建庙镇住女妖的四肢。后来她又仔细观察卧塘，认定卧塘是女妖的心脏，而湖水是女妖的血液。于是她建议松赞干布往湖中填土塞住女妖的血路，并在卧塘上建佛庙镇住女妖的心脏。这样，吐蕃国就可以逢凶化吉了。

卧塘上的这座佛庙就是公元 648 年建成的大昭寺。自从大昭寺落成，各地善男信女纷纷跋山涉水前来朝拜。到 7 世纪末，绕寺四周，出现旅舍 18 处，供各地朝拜之人借宿。慢慢地，又修建了一些定居者的住房。就这样，以大昭寺为中心的八廓街逐渐形成，拉萨古城也就出现在世界屋脊。

青藏高原的骄傲是珠穆朗玛峰，拉萨的骄傲是布达拉宫。

布达拉宫，正像传说中说的那样，它的美丽像三十三界的帝释宫，它的庄严可胜过鬼神之王的神堡，光芒四射的金顶，连太阳也难相比。

它横空出世，雄睨天宇。它有雪山的气概，荒野的精神，佛国的灵光，人世的富丽。它威慑群伦，虎视八荒，撼人心魄！

布达拉宫的全部个体建筑连成一片，覆盖山冈，组合并不规则，也不对称。可是，通过对色彩、体量、装饰三个建筑要素的巧妙经营，却取得了统一、均衡、重点突出的艺术效果。

南立面作为主要立面，红色的红宫居中、居高，白色的白宫从两侧及下部加以烘托。红宫的最大建筑物灵殿对称庄严，正中连续五层的大凸窗同屋顶璀璨华丽的大型卜白与镏金饰件一道成为总贯全局的构图中心。其余的建筑物则顺应山势，做随意高低的起伏、凹凸、衔接。

白宫的墙体砌筑在天然岩石上，几乎不能辨识两者之间的界限，似乎整座布达拉宫是从地上长出来的。

窗洞随着墙体越往上越大，装饰也越来越繁复，墙体随之也越来越虚，色彩也越来越艳。这种自下而上、由实渐虚、由简到繁、由素而艳的渐变韵律，极富有音乐的音程感，它构成了布达拉宫既挺拔又稳重，既有向上升腾的动感，又有生根于地面的扎实感的总体形象。

像栈道一样贴在建筑物上的蹬道呈"之"字形转折。人在拾级而上的过程中，常常要以超过70度的视角仰观对景，由此产生的泰山压顶的压抑感，越发激起参拜者的敬畏情绪。

远远望去，布达拉宫就像远航归来的巨舰停泊在静静的港湾。三条漫长的蹬道随山势冉冉升起，锯齿形迭落的女儿墙连续不断，宛若铁链把布达拉宫牢固地锚系在山冈上。

通过对藏族建筑的匆匆巡礼，我们会同意这样的看法：如果说汉族建筑体现的意识形态是现世的宗法伦理秩序，追求的是和谐于大自然的审美理想，其风格折射出现实的、人性的理念，给人总的感觉是赏心悦目，那么，藏族建筑体现的意识形态则是宗教的等级秩序，它追求的是震慑大自然的审美观，其风格折射着彼岸世界的神性，一切都是为了表达出对神的尊敬和对人的威慑力量。

是的，在布达拉宫面前，人常常会感觉自己是渺小的。但只要想到那些建造布达拉宫的无名工匠们既不用立竿，也不用拉线，就能把近200米的宫殿砌筑得如此稳固和坚实，我们就会对人类重新充满信心。

信心，才是人类自救的真正希望。

西藏雍布拉康古堡
The Yongbulakang Ancient Castle in Tibet

雍布拉康是西藏建筑史上第一个部落王朝的见证者，是藏族历史与文化的第一块里程碑。在建筑史上，它开创了西藏宗山建筑的先例。

据说朗色林庄园是吐蕃王族的后代朗达玛建造的。庄园主楼，十分庄严。半边为夯土墙，半边为石头墙。一、二、三层是仓库；四层是管家、用人的房间；五层是大经堂和客房，从事佛教活动和庆典活动；六层是贵族居住的地方；七层是贵族私人经堂和读书、休息的地方。

庄园有内、外两道正方形的围墙。内围墙四角建碉楼，大门设在南墙。内外墙之间是一道濠沟。设防可谓固若金汤。

西藏朗色林庄园
The Langselin Manor in Tibet

西藏大昭寺
The Jokhang Temple in Tibet

"桑耶"的藏文意思是"超思维"，而光与火，正是超思维的象征。金光灿烂的叠顶昭示了天界的至高无上。它们俯视苍生，摩天接云，芸芸众生的现实悲苦与欢乐真是微不足道。也许这就是大慈无情、大悲无恼的境界吧？

桑耶寺中心大殿高 30 米，重叠五层的金顶高 15 米，支承金顶的两层木构架，由 22 排 40
根柱子从四周顶立。它的上部采用三个层次的 20 根跳梁，楼板上又竖立 42 根柱子支撑金顶。
这种奇特的"内无柱"结构形式使世界建筑界为之震惊。

西藏萨迦寺
The Sajia Temple in Tibet

　　藏族建筑常在一些醒目的部位镂金错彩，不惜工本。等级森严虽然使得门户的装饰繁简不同，但都很恰当得体，惹人注目，赋予建筑物外观形象一种"淡妆浓抹总相宜"的姿韵，于稳重中透出一丝妩媚。

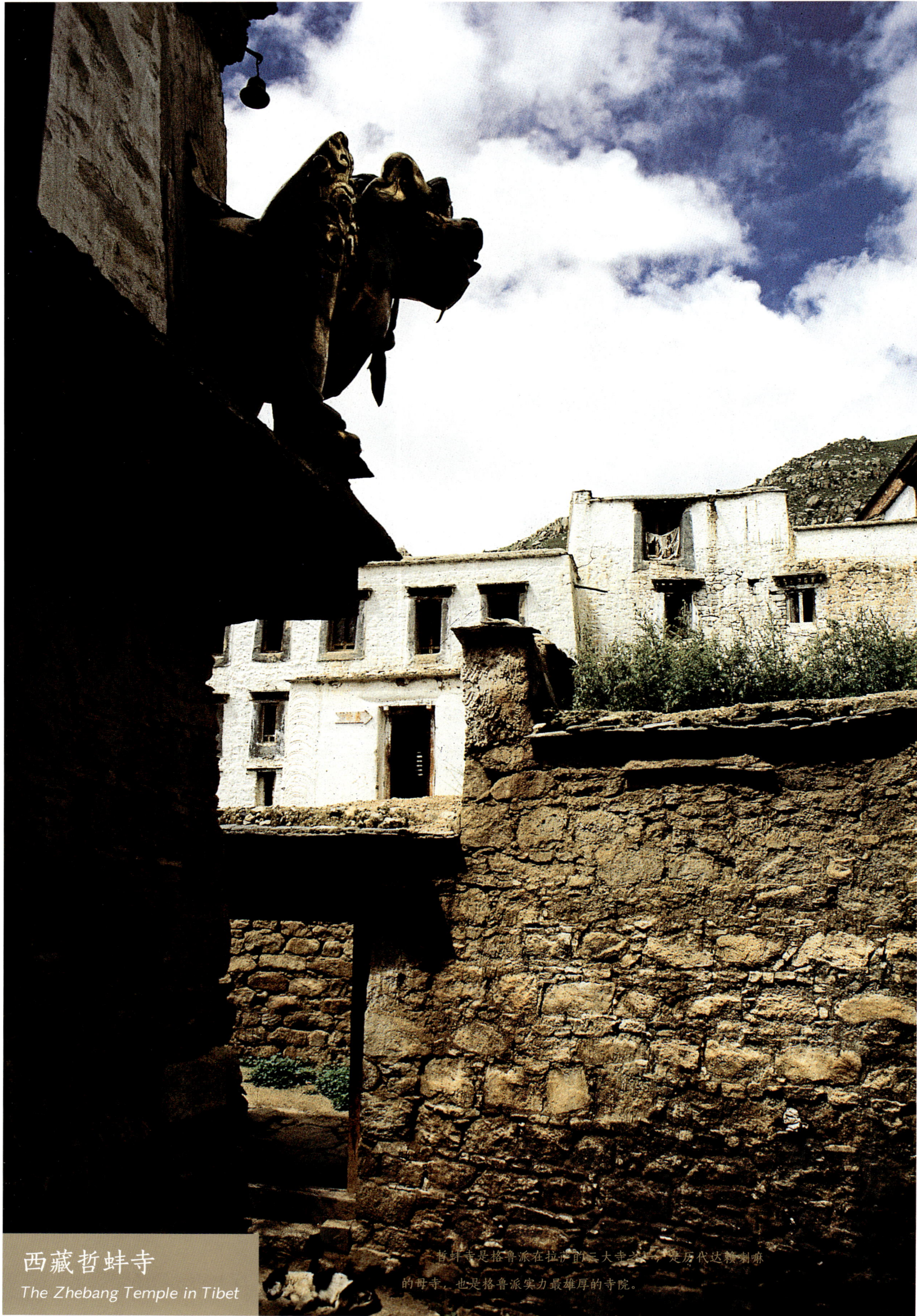

西藏哲蚌寺
The Zhebang Temple in Tibet

哲蚌寺是格鲁派在拉萨的三大寺之一，是历代达赖剌嘛
的母寺，也是格鲁派实力最雄厚的寺院。

做法事的喇嘛

雅鲁藏布江晚景

拉萨河上的桥

西藏沐浴节
Bathing Festival of Tibet

西藏拉萨民居
Civilian Residences in Lhasa, Tibet

西藏山南雅砻河谷民居
Civilian Residences in Shannanyalong River Valley, Tibet

西藏阿里古格王朝遗址

The Ruins of Guge Dynasty in A-Li, Tibet

西藏阿里民居
Civilian Residences in A-Li, Tibet

远远望去，布达拉宫就像远航归来的巨舰停泊在静静的港湾。三条漫长的蹬道随山势冉冉升起，锯齿形迭落的女儿墙连续不断，宛若铁链把布达拉宫牢固地锚系在山冈上。

布达拉宫的全部个体建筑连成一片，覆盖山冈，组合并不规则，也不对称。可是，通过对色彩、体量、装饰三个建筑要素的巧妙经营，却取得了统一、均衡、重点突出的艺术效果。

像栈道一样贴在建筑物上的蹬道呈"之"字形转折。人在拾级而上的过程中，常常要以超过70度的视角仰观对景，由此产生的泰山压顶的压抑感，越发激起参拜者的敬畏情绪。

　　布达拉宫南立面作为主要立面，红色的红宫居中、居高，白色的白宫从两侧及下部加以烘托。红宫的最大建筑物灵殿对称庄严，正中连续五层的大凸窗同屋顶璀璨华丽的大型下白与镏金饰件一道成为总贯全局的构图中心。其余的建筑物则顺应山势，做随意高低的起伏、凹凸、衔接。

　　窗洞随着墙体越往上越大，装饰也越来越繁复，墙体随之也越来越虚，色彩也越来越艳。这种自下而上、由实渐虚、由简到繁、由素而艳的渐变韵律，极富有音乐的音程感，它构成了布达拉宫既挺拔又稳重，既有向上升腾的动感，又有生根于地面的扎实感的总体形象。

西藏各色寺院及康村
All Kinds of Temples and Khangtsen in Tibet

碉房外墙上的窗户，一般都很小。因此，一座碉房建筑通体上下呈现出稳重、敦实、封闭的性格，就像碉堡一样，所以叫作"碉房"。

碉房一般为两层结构，以柱来计算间数。底层蓄养牲口和堆积杂物，楼层较低。上层是人的起居场所，包括堂屋、卧室、经堂、厨房、储藏室、楼梯间等，如果有三层，则第三层一般用作经堂和晒台，厕所挑出墙外。

碉房的墙体很厚，下宽上窄，非常坚固。平屋顶作为阳台使用，可以上人和晒粮，屋顶不出檐，一律做成女儿墙。

碉房个体建筑的外观轮廓线并非常见的矩形，而是上小下大的梯形。梯形具有较大的稳定感。

一般的建筑物，外墙用白色粉刷。大片的白色墙面上点缀着黑色的窗套和女儿墙的黑色条带，构成强烈的黑白对比。在蔚蓝的天空背景下，就像一幅套色单纯明快的版画。

　　在长期的政教合一体制下，宗教影响着人们活动的各个领域，渗透到人们生活的每一个
角落。所有的建筑类型都或多或少具有宗教的色彩，寺庙自不待言，即便宫殿、衙署、住宅，
都在显要的部位设置佛殿、经堂。建筑和装饰也都受到宗教的影响。可以说，在西藏建筑中，
大至宏观的建筑布局，小至微观的建筑装饰，都是以宗教为中心的。

门窗总是装饰的重点，正如女人对眉眼的精心描画。外墙的门窗上挑出小檐，檐下悬挂红、蓝、白三色条形布幔，周围饰黑色窗套。藏族传统村落建筑在屋顶女儿墙脚都插着一丛树枝，上面挂有蓝、白、红、黄、绿五色布条做成的幡，藏语叫作"塔觉"，五彩的塔觉在风中飘动，给过于严肃的建筑增添一些活泼。

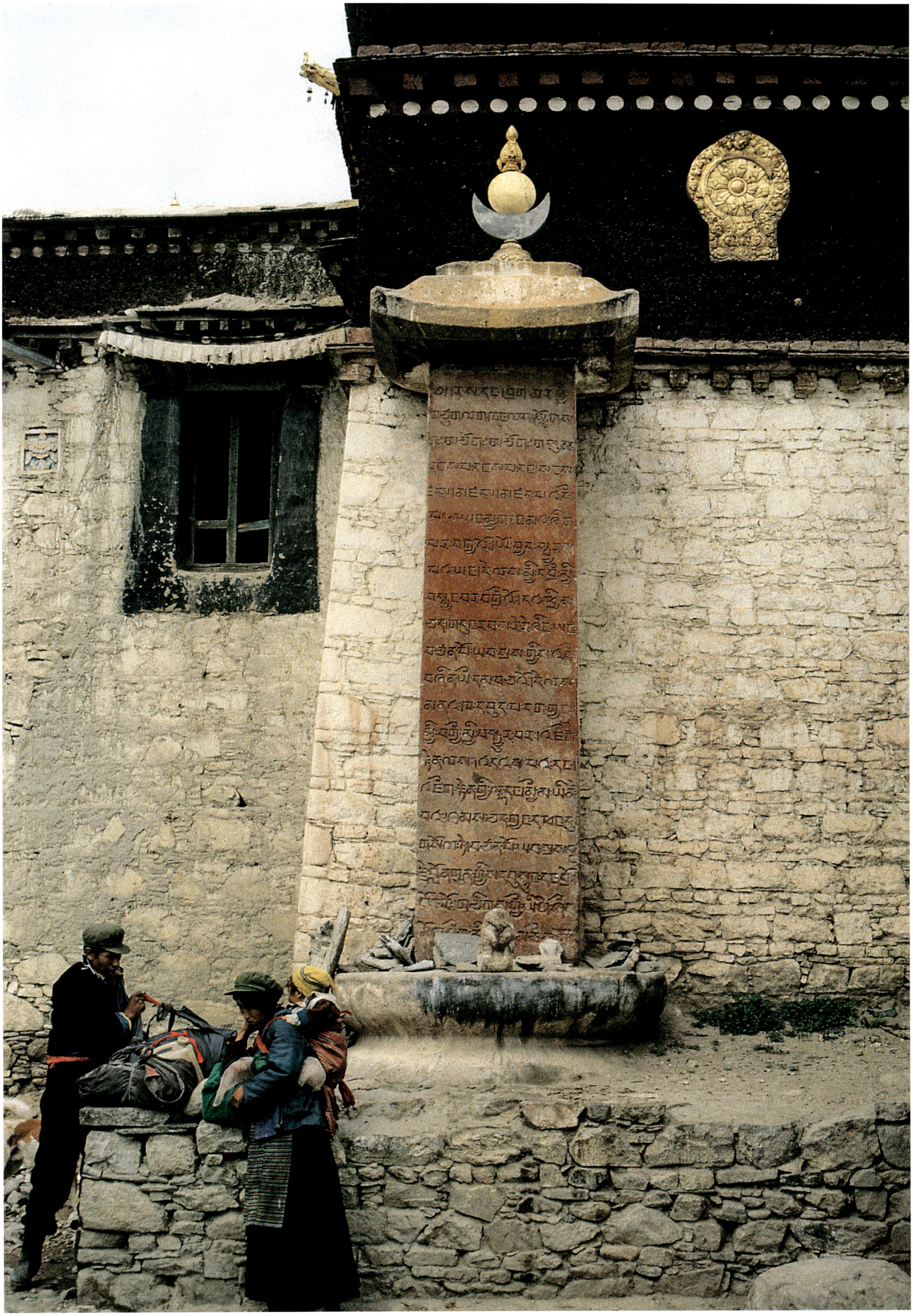

墙上的窗洞以窄长形的居多，上端挑出小檐，其余三面一律做成上小下大的梯形黑色窗套，这就是典型的藏式窗户。据说，黑色梯形窗套是从藏族人民视为神物的牦牛角那里得到启发的。藏族习俗认为，黑色能够驱鬼辟邪，窗套涂成黑色，外邪不敢从此处侵入。

梯形的建筑轮廓线，配合着墙面上重复出现的梯形窗套，这样，梯形就成了藏族建筑造型最主要、最突出的"母题"。

藏族人使用色彩的那股子粗犷、豪放、潇洒的劲，那股子华艳到极致的帅气，简直令对色彩持中庸淡雅观念的汉族士大夫瞠目结舌！大块的红色、黄色的墙面，黑色的窗套，紫色的卞白，金黄色的琉璃，青绿金红的雕梁画栋，加上宝蓝色镶边的白色帷幔和各种镏金的装饰部件交织在一起，铺盖在山坡上，与环列于四周的康村建筑成片的白色墙面一比衬，简直就是铜管、丝竹、打击乐器的大合奏！真正的色彩交响乐！

索引

湘西

贵州

浙江

浙江水乡传统村落建筑

图书在版编目 (CIP) 数据

中国传统村落图典 / 萧加编摄；王鲁湘撰文 . —杭州：浙江
大学出版社，2018.2
ISBN 978-7-308-17758-0

Ⅰ．① 中··· Ⅱ．① 萧··· ②王··· Ⅲ．①村落－中国－摄影集
Ⅳ．① K928.5-64

中国版本图书馆 CIP 数据核字 (2018) 第 002753 号

中国传统村落图典

萧加　编摄　王鲁湘　撰文

总 顾 问	刘开渠　叶如棠
总 　 编	萧 　 加
责任编辑	谢 　 焕
责任校对	杨利军　牟杨茜
装帧设计	项梦怡
出版发行	浙江大学出版社
	（杭州市天目山路 148 号　邮政编码 310007)
	（网址：http://www.zjupress.com)
印 　 刷	浙江海虹彩色印务有限公司
开 　 本	787mm×1092mm　1/8
印 　 张	89.5
字 　 数	100 千
版 印 次	2018 年 2 月第 1 版　2018 年 2 月第 1 次印刷
书 　 号	ISBN　978-7-308-17758-0
定 　 价	580.00 元